Lehr- und Übungsbuch der deutschen Grammatik

Testheft

von Werner Heiderma

D1240325

Max Hueber Verlag

Lehr- und Übungsbuch der deutschen Grammatik – Neubearbeitung
ISBN 3–19–007255–8

Lösungsschlüssel
ISBN 3–19–107255–1

2 Audiokassetten mit mündlichen Übungen und zur Kontrolle
ISBN 3–19–087255–4

2 Audio-CDs mit mündlichen Übungen und zur Kontrolle
ISBN 3–19–097255–9

Dieses Werk folgt der seit dem 1. August 1998 gültigen Rechtschreib-
reform. Ausnahmen bilden Texte, bei denen künstlerische, philologische
oder lizenzrechtliche Gründe einer Änderung entgegenstehen.

E   3.   2.   1. | Die letzten Ziffern
2004   03   02   01   00 | bezeichnen Zahl und Jahr des Druckes.
Alle Drucke dieser Auflage können, da unverändert,
nebeneinander benutzt werden.
1. Auflage
© 2000 Max Hueber Verlag, D-85737 Ismaning
Umschlagentwurf: Peer Koop
Druck: DONAU-DRUCK, Regensburg
Printed in Germany
ISBN 3–19–017255–2
(früher erschienen im Verlag für Deutsch ISBN 3–88532–719–8)

§ 1   Deklination des Substantivs I

1   Setzen Sie die fehlenden Wörter ein. Die Buchstaben in den Klammern hinter den richtigen Begriffen ergeben von oben nach unten gelesen ein Lösungswort.

1.   Programmkinos zeigen auch nicht-kommerzielle ___ .
Filme (S)   Films (T)   Filmen (F)

2.   Fast alle ___ in Deutschland haben Fußgängerzonen.
Stadt (Ä)   Städte (P)   Städten (A)

3.   Viele ___ sind in so genannten Bürgerinitiativen organisiert.
Bürgen (G)   Bürgern (N)   Bürger (A)

4.   Die meisten ___ sind heute an einem Tag der Woche auch abends geöffnet.
Amtes (H)   Amt (T)   Ämter (R)

5.   ___ in Museen sind in der Regel gut versichert.
Bildern (I)   Bilds (E)   Bilder (D)

6.   In deutschen ___ stehen, sitzen und liegen einige Millionen Gartenzwerge.
Gärten (O)   Garten (L)   Gärtner (U)

7.   Viele ___ an deutschen Hochschulen leben von einem Gesetz, dem Bundesausbildungsförderungsgesetz (Bafög).
Studenten (S)   Students (E)   Studente (F)

8.   Noch gibt es keine wirklich umweltfreundlichen ___ .
Autos (E)   Auto (Ö)   Autoren (F)

Lösungswort: _____

Korrektur: Für jede richtige Lösung 1 Punkt

2   Wie ist die Pluralform? (Es kommen alle Pluraltypen vor, wie sie im „Lehr- und Übungsbuch der deutschen Grammatik" vorgestellt werden.) Die Buchstaben in den Klammern hinter den richtigen Begriffen ergeben von oben nach unten gelesen ein Lösungswort.

1.   der Lokomotivführer   2.   der Ehemann
     Lokomotivführer (A)   Ehemanne (W)
     Lokomotivführerer (B)   Ehemänner (U)
     Lokomotivführers (O)   Ehemannen (K)

3. der Präsident
   Präsidents (O)
   Präsidenter (B)
   Präsidenten (T)

4. der Studienrat
   Studienraten (G)
   Studienrate (S)
   Studienräte (O)

5. der Vater
   Väter (B)
   Vetter (E)
   Vater (F)

6. der Beruf
   Berufs (I)
   Berufungen (J)
   Berufe (A)

7. das Hobby
   Hobbyer (D)
   Hobbys (H)
   Hobbyen (L)

8. das Mitglied
   Mitglieder (N)
   Mitgliede (A)
   Mitglieds (P)

Lösung: _____

Korrektur: Für jede richtige Lösung 1 Punkt

3 **Welche Form ist falsch? Die Buchstaben in den Klammern ergeben von oben nach unten gelesen ein Lösungswort.**

1.	die Mutter (O)	dem Mutter (K)	der Mutter (B)
2.	des Kindes (A)	dem Kind (S)	der Kind (L)
3.	einer Zeitung (I)	einem Zeitung (E)	eine Zeitung (L)
4.	des Nachrichts (I)	die Nachricht (B)	der Nachricht (P)
5.	den Lastwagen (G)	dem Lastwagen (Ö)	das Lastwagen (N)
6.	einem Koffer (C)	ein Koffer (E)	einer Koffer (A)
7.	des Schmerzes (H)	die Schmerz (N)	den Schmerz (J)
8.	die Suppe (W)	der Suppe (T)	den Suppe (Z)
9.	einer Partei (K)	ein Partei (E)	eine Partei (R)
10.	die Arzt (I)	dem Arzt (G)	der Arzt (D)
11.	die Mutter (M)	den Mutter (G)	den Müttern (L)
12.	der Pferd (E)	des Pferdes (V)	das Pferd (Z)

Lösung: _____

Korrektur: Für jede richtige Lösung 1 Punkt

Für den ganzen Test: maximal 28 Punkte
**   mindestens 18 Punkte**

§ 2   Deklination des Substantivs II

4   Ein Substantiv in jeder Zeile unterliegt der n-Deklination. Welches?
Kreuzen Sie den Buchstaben des richtigen Substantivs an. Von oben nach
unten gelesen ergeben die Buchstaben ein Lösungswort.

1. Mutter (B)	Kind (T)	Mensch (A)
2. Kommunist (U)	Hormon (O)	Kommune (I)
3. Dame (Z)	Programm (C)	Herr (T)
4. Leber (A)	Magen (B)	Herz (O)
5. Zange (I)	Zeuge (M)	Zeug (E)
6. Fotograf (O)	Kamera (T)	Foto (K)
7. Zebra (E)	Elefant (B)	Kuh (S)
8. Student (I)	Schule (R)	Studium (M)
9. Mädchen (J)	Jugend (Ä)	Junge (L)
10. Bürokrat (A)	System (L)	Argumentation (B)
11. Richterin (P)	Polizist (U)	Recht (T)
12. Explosion (W)	Experiment (Ö)	Experte (S)
13. Kante (E)	Kunde (S)	Kinder (N)
14. Demonstrant (T)	Demoband (C)	Demagogin (V)
15. Fachfrau (I)	Laie (E)	Fachwissen (M)
16. Hase (L)	Pferd (Ü)	Schnecke (F)
17. Präzision (B)	Kondom (M)	Präsident (L)
18. Medium (Y)	Journalist (U)	Zeitschrift (K)
19. Automat (N)	Automatik (V)	Autofahren (T)
20. Nachtbar (A)	Nachbar (G)	Machtwort (B)

Lösung: _____

Korrektur: Für jede richtige Lösung 1 Punkt

5   **Geografisches – Bitte ergänzen Sie!**

1.   Der Argentinier fragt den ___ nach einem preiswerten Hotel in seiner
Heimatstadt Sofia.
2.   Der französische Student bittet den ___ um ein paar Informationen
über Beirut.
3.   Die äthiopische Studentin aus Köln fragt den eriträischen ___ aus
Berlin nach seinem Geburtsort.
4.   Der Saudi und der Pakistani treffen sich beim ___ und essen Chop
Suey (süß-sauer).
5.   Cheng redete über die Identitätsprobleme des ___, die weder der
Amerikaner noch der Europäer, weder der Australier noch der Afrika-
ner verstehen könne.
6.   Die Frau des Engländers geht regelmäßig mit dem ___ aus Helsinki
essen.

Kreuzen Sie den Buchstaben des passenden Substantivs an. Von oben nach unten gelesen ergeben die Buchstaben ein Lösungswort.

1. Bulgaren (D)   Bulgarin (B)   Bulgare (Z)
2. Libanese (Y)   Libanesen (I)   Libanesin (A)
3. Student (W)   Studentin (Ö)   Studenten (E)
4. Chinesen (S)   China (A)   chinesisch (F)
5. Asiatin (K)   Asien (V)   Asiaten (E)
6. Finnin (T)   Finnen (L)   Finninnen (S)

Lösung: _____

Korrektur: Für jede richtige Lösung 1 Punkt

Für den ganzen Test: maximal 26 Punkte
mindestens 17 Punkte

§ 3 Gebrauch des Artikels

6 **Der Unterschied zwischen den beiden folgenden Zeitungsüberschriften?**
Daimler-Chef kauft einen Chrysler
Daimler-Chef kauft Chrysler
Rund 40 Milliarden Dollar! Im ersten Fall freut man sich bei Chrysler, im zweiten bei Daimler-Benz.
Kreuzen Sie die richtigen Artikel an! Von oben nach unten gelesen ergeben die Buchstaben ein Lösungswort.

1. ___ Museum Ludwig in Köln ist ___ Museum für moderne Kunst.
   Das/ein (F)   Ein/ein (H)   Ein/das (G)

2. ___ Luft- und Raumfahrtmuseum in Washington D.C. ist ___ meistbesuchte Museum der Welt.
   Ein/ein (F)   Das/das (A)   Das/ein (I)

3. ___ Museum ist meistens ein Ort, an dem man sich auf unterhaltsame Art informieren und bilden kann.
   Ein (H)   Einen (P)   Die (Z)

4. ___ Museen sind per definitionem öffentlich.
   – (R)   Eine (F)   Die (O)

5. Früher war der Besuch in ___ Museum oft langweilig.
   ein (B)   einem (S)   dem (D)

6. Die Museumspädagogik hat ___ Museum gründlich verändert.
   das (C)   ein (K)   die (C)

7. Wer heute ___ Museum betritt, möchte ein paar interessante Stun-

den erleben (und nicht nur mit Jahreszahlen und Namen bombardiert werden).

einen (N)   das (F)   ein (H)

8. ___ phantastisches Beispiel für ___ modernes Kunstmuseum ist die Museumsinsel Hombroich bei Neuss (bei Düsseldorf).

Das/ein (T)   Ein/das (F)   Ein/ein (U)

9. ___ Museum von heute soll nicht nur den Blick schärfen, sondern möglichst alle Sinne ansprechen: Sehen, Fühlen, Hören, Riechen (ein Beispiel ist ___ Tabakmuseum von Pinar del Rio auf Kuba) und Schmecken (in Köln gibt es ___ Schokolademuseum).

Das/einen/ein (M)   Das/das/das (L)

10. ___ newMetropolis in Amsterdam ist ___ modernste Technikmuseum, das man sich vorstellen kann: Die Besucher sind eingeladen, Technik durch eigene Experimente zu begreifen.

Das/das (E) Das/ein (V) Ein/ein (G)

Lösung: _____

Korrektur: Für jede richtige Lösung 1 Punkt

7 Die Nachrichtenagentur Reuters – Ergänzen Sie die fehlenden Artikel!

Reuters ist (1) _____ größte Nachrichtenagentur der Welt. In (2) _____

über 140 Büros arbeiten mehr als 2.400 Mitarbeiter. Rund um (3) _____

Uhr liefern sie Nachrichten für (4) _____ immer informationshungrigere

Öffentlichkeit. Diesen Appetit stillt Reuters seit fast 150 Jahren. Gleichzei-

tig übermittelt (5) _____ Agentur wichtige Finanzdaten und betreibt (6)

_____ hochkomplexes elektronisches Aktienhandelssystem. Zu Zeiten (7)

_____ Firmengründers, Julius Reuter, wurden (8) _____ Informationen

noch durch (9) _____ Brieftauben und (10) _____ Telegraphen übermit-

telt, heute läuft das via Satellitentechnik. Geblieben ist (11) _____ An-

spruch, korrekte, überparteiliche und schnelle Informationen bereitzustel-

len. Und noch immer heißt (12) _____ Ziel, mit (13) _____ Ware

Information möglichst viel Profit zu machen.

Korrektur: Für jede richtige Lösung 1 Punkt

8   **Ché Guevara – Ergänzen Sie die fehlenden Artikel!**

Er stammte aus (1) _____ besseren Kreisen (2) _____ argentinischen Bourgeoisie. Vater und Mutter sympathisierten mit (3) _____ Spanischen Republik, dadurch wurde er frühzeitig politisiert. „Ché" war (4) _____ Beiname, unter dem Ernesto Guevara de la Serna berühmt werden sollte, geprägt von seinen späteren kubanischen Kampfgefährten. – Ché Guevara durchquerte schon als (5) _____ Student (6) _____ ganzen Subkontinent, durchstreifte (7) _____ Pampas, (8) _____ Anden und (9) _____ Regenwald. Überall begegnete er (10) _____ scheinbar unüberwindlichen Schranken zwischen Arm und Reich. (11) _____ angehende Arzt sah (12) _____ Probleme Lateinamerikas und tauschte (13) _____ Arztkoffer gegen (14) _____ Gewehr. An (15) _____ Seite Fidel Castros wurde er (16) _____ der bedeutendsten Anführer (17) _____ kubanischen Revolution. Nach (18) _____ Intermezzo als Chef (19) _____ Nationalbank und Industrieminister ließ er Frau, Kinder und Titel zurück und wurde wieder Guerillero. Sein Versuch, (20) _____ Revolution von (21) _____ Bolivien auf ganz Südamerika auszudehnen, schlug fehl; er wurde von (22) _____ bolivianischen Armee ermordet – mit Hilfe (23) _____ CIA.

Korrektur: Für jede richtige Lösung 1 Punkt

Für den ganzen Test: maximal 46 Punkte
                                    mindestens 30 Punkte

§ 4 Deklination der Personalpronomen

9 **Einer zum andern. – Kreuzen Sie bitte die fehlenden Pronomen an. Von oben nach unten gelesen ergeben die Buchstaben eine Lösung.**

1. Dealer zur Polizei: „Das Kokain? Das muss jemand bei ___ vergessen haben!"
   mich (H)   mir (U)   ich (Z)

2. Buchhändlerin zum Kunden: „Für Ihre Frau? Mit diesem Buch machen ___ ___ eine Freude. Garantiert!"
   ihr/Sie (X)   Ihnen/Sie (S)   Sie/ihr (N)

3. Bankangestellter zu einer Kundin: „Die Zinsen? Natürlich kann ___ ___ nicht garantieren, dass ___ so niedrig bleiben."
   man/Sie/sie (H)   ich/Ihnen/sie (F)   Ihnen/wir/sie (N)

4. Arzt zur Patientin: „___ haben die Tabletten nicht eingenommen? Ohne ___ haben ___ keine Chance, gesund zu werden."
   Sie/sie/Sie (A)   Sie/ihnen/sie (I)   Ihnen/wir/sie (N)

5. Student zur Studentin: „Gib ___ doch bitte noch einmal deine E-Mail-Adresse. ___ habe ___ irgendwie verlegt."
   mich/Ich/ihr (F)   dir/Ich/sie (T)   mir/Ich/sie (L)

6. Enkelin (3) zum Großvater (58): „Ich rufe ___ jetzt jeden Tag an, weil ___ ja vielleicht schon bald stirbst."
   dich/du (L)   dir/du (E)   dich/ihr (O)

7. Passagier zur Stewardess: „Bringen ___ ___ bitte noch ein Erfrischungstuch!"
   mir/Sie (S)   Sie/mir (V)   Sie/sich (I)

8. Betrunkener Passagier zur Stewardess: „Gib ___ noch einen Cognac, aber ruckzuck!"
   mich (A)   ihn (N)   mir (E)

9. Arzt zur Diabetikerin: „Kann es sein, dass ___ ___ gestern im Café Kremer gesehen habe?"
   ich/Ihnen (R)   Sie/mich (U)   ich/Sie (R)

10. Freundin zu einer Freundin über einen Freund und dessen Freundin: „___ soll sich ja gerade von ___ getrennt haben."
    Er/ihr (S)   Sie/ihr (B)   Er/sich (P)

11. Lektor zum Autor: „Ihr Manuskript? Entschuldigen ___, aber ___ habe ___ nur zur Hälfte gelesen – miserabel!"
    Sie/ich/es (I)   mich/es/ich (K)   Sie/ich/ihn (L)

12.   Anonymer Alkoholiker zu anonymem Alkoholiker (sein Schwager):
      „___ hier? Mit ___ hätte ___ hier nie gerechnet!"
      Du/dir/wir (M)   Du/dir/ich (C)   Sie/dir/ich (E)

13.   Ratgeber: „___ möchte ___ einen guten Rat geben."
      Er/mich (W)   Ich/Sie (D)   Ich/Ihnen (H)

14.   Zahnarzt zum Patienten: „Die Krone ist nicht mehr zu reparieren.
      ___ werde ___ herausnehmen. Tut ___ Leid."
      Sie/sie/mir (O)   Ich/sie/mir (E)   Ich/Sie/Ihnen (A)

15.   Notar: „Das Testament Ihres Freundes? ___ hat ___ vor zwei Monaten
      geändert; Pech für ___!"
      Es/er/ihn (G)   Sie/er/Sie (V)   Er/es/Sie (R)

16.   Großmutter zum Enkel (in Australien): „Unser Weihnachtspäckchen
      ist nicht angekommen? Dabei haben ___ ___ schon Mitte November
      abgeschickt."
      wir/es (U)   sie/ihn (K)   wir/er (B)

17.   Eltern zu den Kindern: „Meldet ___ sofort, wenn ___ angekommen
      seid. Okay?"
      euch/ihr (N)   –/euch (F)   ihr/ihr (J)

18.   Kunde zum Mechaniker: „Der Drucker ist eine Katastrophe! Mal
      druckt ___ tagelang ganz normal, mal spielt ___ mehrmals am Tag
      verrückt. Ich komme einfach nicht mit ___ zurecht. Dabei habe ich
      ___ nach langem Überlegen ausgesucht."
      er/er/ihm/ihn (G)   er/er/sie/ihn (D)   er/er/mir/ihn (C)

19.   Briefmarkensammler zur Freundin: „Heute zeige ___ ___ ___ end-
      lich mal, meine Briefmarkensammlung."
      sie/dir/ich (L)   ich/dir/sie (Q)   ich/sie/dir (E)

20.   Geschäftspartner: „Er will nicht verkaufen? Rufen Sie ___ an und ge-
      ben Sie ___ noch eine letzte Warnung!"
      ihn/ihm (N)   ihm/ihm (G)   ihm/– (K)

      Lösung: _____

Korrektur: Für jede richtige Lösung 1 Punkt
         maximal 20 Punkte
         mindestens 13 Punkte

§ 5   Possessivpronomen

10   Organspende? – Kreuzen Sie die fehlenden Pronomen an. Die richtigen Buchstaben ergeben von oben nach unten gelesen ein Lösungswort.

1. Ehefrau: Würdest du eigentlich ___ Organe spenden?
   deine (K)   dein (C)   deinen (D)

2. Ehemann: Niemals! ___ Herz gehört mir!
   Mein (A)   Meiner (M)   Meine (N)

3. Ehefrau: Aber ___ Herz kann, wenn du zum Beispiel tödlich verunglückst, ein Leben retten. Du bist egoistisch!
   deine (A)   deinen (B)   dein (R)

4. Ehemann: Wenn ich schwer verletzt bin, kümmern sich die Ärzte nicht mehr um ___ Gesundheit, weil sie ___ Organe wollen.
   mein/meine (L)   meine/meine (T)   meinen/mein (S)

5. Ehefrau: Unsinn! Natürlich werden die Ärzte alles tun, um ___ Leben zu retten.
   deinen (S)   dein (O)   deines (E)

6. Ehemann: Ich bin da nicht so sicher. Stell dir vor, ich liege da mit meinen 21 Jahren und schlimmen Kopfverletzungen: ___ Herz ist noch jung, ___ Lungen noch frisch (nie geraucht), ___ Nieren wie neu, bis hin zu ___ Hornhaut alles noch gut zu gebrauchen.
   Mein/meine/meine/meiner (F)   Mein/mein/mein/mein (K)

7. Ehefrau: Das ist doch ein Grund mehr, ___ Meinung zu ändern.
   deine (F)   meine (I)   deiner (G)

   Ehemann: Ich weiß nicht.
   Arzt: (...) tut mir sehr leid. (...) nicht mehr zu retten. (...) Organspende?

8. Witwe: Er war nicht damit einverstanden, ___ Organe zu spenden. Ich habe versucht, ___ Meinung zu ändern, aber jetzt werde ich ___ Willen natürlich respektieren.
   seine/sein/seinem (H)   seine/seine/seinen (E)

9. Arzt: Wie schade! ___ Herz ist noch jung, ___ Lungen noch frisch (nie geraucht, oder?), ___ Nieren wie neu, bis hin zu ___ Hornhaut alles noch gut zu gebrauchen. Wirklich schade!
   Sein/sein/sein/sein (K)   Sein/seine/seine/seiner (L)

   Lösung: _____

Korrektur: pro richtiger Lösung 1 Punkt

11 Fragebogen – Beantworten Sie die folgenden Fragen, die man auch schon Marcel Proust gestellt hat, schriftlich. Benutzen Sie, wo es sich anbietet, Possessivpronomen.

1. Wo möchten Sie leben?

2. Was ist für Sie das vollkommene irdische Glück?

3. Welche Fehler entschuldigen Sie am ehesten?

4. Welche Eigenschaften schätzen Sie bei einem Mann am meisten?

5. Welche Eigenschaften schätzen Sie bei einer Frau am meisten?

6. Ihre Lieblingstugend?

7. Ihre Lieblingsbeschäftigung?

8. Wer oder was hätten Sie sein mögen?

9. Ihr Hauptcharakterzug?

10. Ihr größter Fehler?

11. Ihr Traum vom Glück?

12.   Was wäre für Sie das größte Unglück?

       _____

13.   Ihre Lieblingsfarbe?

       _____

14.   Ihr Lieblingsschriftsteller?

       _____

15.   Ihre Helden und Heldinnen in der Wirklichkeit?

       _____

16.   Was verabscheuen Sie am meisten?

       _____

17.   Welche natürliche Gabe möchten Sie besitzen?

       _____

18.   Wie möchten Sie sterben?

       _____

19.   Ihre gegenwärtige Geistesverfassung?

       _____

20.   Ihr Motto?

       _____

Korrektur: Für jeden richtigen Satz 2 Punkte

Für den ganzen Test: maximal 49 Punkte
**   mindestens 32 Punkte**

§ 6   Konjugation der Verben

12   Nackt im Hotel – Lesen Sie den folgenden Text oder schreiben Sie ihn neu – im Präteritum.

1.   Gerhard Stubenreith kommt in Berlin an und fährt gleich ins Hotel Adlon.

2.   Er steigt aus dem Taxi, nimmt seine Taschen und geht in die Eingangshalle.

3.   Etwas stimmt nicht; der Taxifahrer lächelt, der Portier wendet sich zur Seite.

4.   Gerhard lässt sich aber nicht beirren.

5.   An der Rezeption stellt er sein Gepäck ab und legt das Fax mit der Reservierungsbestätigung vor.

6.   In diesem Augenblick kommt ein Hotelangestellter im Frack, vielleicht der Direktor, auf Gerhard zu: „Entschuldigen Sie!"

7.   „Ja, bitte", antwortet Gerhard.

8. „Entschuldigen Sie!", wiederholt der Direktor und hüstelt verlegen, „Sie sind nackt!"

_____

_____

9. „Oh!", Gerhard sieht an sich hinab.

_____

10. So diskret wie nur eben möglich führt der Direktor seinen nackten Gast in einen Nebenraum.

_____

_____

11. Entgegenkommende Gäste reagieren ganz unterschiedlich: einige gucken zur Seite, andere glotzen Gerhard an, wieder andere bleiben fassungslos stehen und laufen rot an.

_____

_____

_____

_____

12. Gerhard murmelt etwas von einer „übereilten Abreise".

_____

13. Ein Hotelangestellter betritt das Zimmer und bringt Gerhard einen Bademantel.

_____

_____

14. Gerhard denkt die ganze Zeit an das Geschäftsessen am Abend.

_____

15. Der Hoteldirektor sagt etwas zu ihm und fordert ihn schließlich ganz nachdrücklich auf, endlich den Bademantel anzuziehen.

_____

_____

16.   Gerhard entgegnet ihm: „Das muss ein Irrtum sein; diesen Mantel kenne ich nicht."

_____

_____

17.   Der Direktor verliert die Nerven und erwidert seinem immer noch nackten Gast: „Wenn Sie sich nicht augenblicklich bekleiden, dann ... dann ..."

_____

_____

_____

18.   Der Hausdiener reicht seinem Chef ein Glas Wasser.

_____

19.   Gerhard ist zwar bewusst, dass man seine Erscheinung als irgendwie ungewöhnlich empfindet, aber die Ausmaße des Skandals sind ihm nicht deutlich.

_____

_____

_____

20.   Bis ihm der Direktor das Glas Wasser ins Gesicht schüttet.

_____

21.   Gerhard wacht auf und ist froh, dass er zu Hause ist und ganz allein.

_____

_____

Korrektur: Für jede richtige Lösung 2 Punkte

13 „Mein wichtigstes Thema für die Zukunft"
Wirtschaftsführer, Vordenker und Künstler haben zu diesem Thema Stellung genommen – ausführlich. Und niemand hat auch nur einmal das Futur benutzt. Schreiben Sie die Sätze neu – im Futur. Ändert sich etwas?

1. Heinrich von Pierer, Vorstandsvorsitzender der Siemens AG: „Nur mit Innovationen lassen sich Arbeitsplätze schaffen."

_____

_____

2. Rolf Kreibich, Direktor des Instituts für Zukunftsstudien in Berlin: „Nur eine ökologisch und sozial nachhaltige Wirtschaftsweise kann die Lebensgrundlagen künftiger Generationen sichern."

_____

_____

_____

3. Georg Baselitz, Künstler: „Ich will auch im nächsten Jahrhundert keinen japanischen Kubismus, keinen französischen Futurismus, keine deutsche Popart sehen."

_____

_____

_____

_____

4. Ricardo Diez-Hochleitner, Präsident des Club of Rome: „Unser Kapital für die Zukunft ist eine tief greifende Revolution der Bildung. (...) Lehrer bekommen eine neue Rolle als weit in die Zukunft schauende Betreuer."

_____

_____

_____

_____

Korrektur: Für jede richtige Lösung 2 Punkte

**Für den ganzen Test: maximal 50 Punkte
                        mindestens 32 Punkte**

§ 7 Trennbare Verben

14 Hin und her, rein und raus! – Kreuzen Sie an, was das Gegenteil zum Ausdruck bringt. Die richtigen Buchstaben ergeben von oben nach unten gelesen ein Lösungswort.

1. Das eine Kind macht die Tür auf; das andere ...
   ... macht ihr zu. (A)   ... macht sie zu. (K)

2. Marie stellt den Kassettenrecorder an; Anna ...
   ... stellt ihn ein. (B)   ... stellt ihn ab. (Ä)

3. Gabriel packt alle Bausteine aus und Lukas ...
   ... packt sie ab. (G)   ... packt sie ein. (S)

4. Das eine Kind setzt sich hin; das andere ...
   ... steht sich auf. (S)   ... steht auf. (E)

5. Oliver steckt das Puzzle zusammen; Silke ...
   ... nimmt es ab. (Ö)   ... nimmt es auseinander. (K)

6. Jan hängt alle Hemden ab; Jacqueline ...
   ... hängt sie auf. (U)   ... hängt es wieder auf. (C)

7. Rafaela schaltet den PC aus; dann kommt Guntram und ...
   ... schaltet ihn ein. (C)   ... schaltet ihn ab. (J)

8. Jens kommt heim; Muna ...
   ... bleibt auch. (Ü)   ... geht. (H)

9. Hendrik zieht sich aus; sein Bruder ...
   ... zieht ihn auch . (D)   ... zieht sich an. (E)

10. Hannes bringt den Roller hinein; seine Schwester Clara ...
    ... holt ihn hinaus. (F)   ... bringt ihn heraus. (N)

Lösung: _____

Korrektur: Für jede richtige Lösung 1 Punkt

15 Luft in der Leitung?
Kreuzen Sie an. Die angekreuzten Buchstaben ergeben von oben nach unten gelesen ein Lösungswort.

1. Das Gerät ausschalten! – Okay, ich schalte ...
   ... es aus. (S)   ... aus es. (T)

2.   Wasser nachfüllen! – Ich ...
      ... fülle Wasser nach. (T)   ... nachfülle Wasser. (E)

3.   Die Anlage entlüften! – Ich ...
      ... lüfte sie ent. (F)   ... entlüfte sie. (E)

4.   Das Gerät wieder einschalten! – Ich ...
      ... schalte es ein. (R)   ... einschalte es. (L)

5.   Die Funktionen überprüfen! – Ich lasse ...
      ... über sie prüfen. (P)   ... sie überprüfen. (N)

      Lösung: _____

Korrektur: Für jede richtige Lösung 1 Punkt

16   Feuchtigkeit in der Stereoanlage? Kreuzen Sie die passende Ergänzung an. Die angekreuzten Buchstaben ergeben von oben nach unten gelesen ein Lösungswort.

1.   Den Receiver sofort ausschalten! – Du ...
      ... ausschaltest ihn. (S)
      ... schaltest ihn aus. (B)

2.   Das Steckerkabel herausziehen! – Du ...
      ... ziehst es heraus. (Ü)
      ... herausziehst es. (K)

3.   Das Gerät austrocknen lassen! – Man ...
      ... lässt es austrocknen. (C)
      ... lässt es trocknen aus. (M)

4.   Den Netzstecker wieder einstecken! – Dann ...
      ... einsteckt man ihn wieder. (E)
      ... steckt man ihn wieder ein. (H)

5.   Den Strom einschalten! – Du ...
      ... schaltest den Strom ein. (E)
      ... einschaltest den Strom. (N)

6.   Im Zweifelsfall vom Techniker überprüfen lassen! – Ich ...
      ... lasse das Gerät überprüfen. (R)
      ... lasse über das Gerät prüfen. (Z)

      Lösung: _____

Korrektur: Für jede richtige Lösung 1 Punkt

17 Computer im Karton!
Kreuzen Sie an. Die angekreuzten Buchstaben ergeben von oben nach unten gelesen ein Lösungswort.

1. Die Sicherheitsschnur zerschneiden! – Wir zerschneiden ...
    ... sie. (M)   ... es. (E)

2. Den Karton aufklappen! – Wir ...
    ... aufklappen ihn. (F)   ... klappen ihn auf. (A)

3. Den Monitor mit den Styroporteilen hochziehen! – Wir ...
    ... hochziehen ihn. (G)   ... ziehen ihn hoch. (L)

4. Die Plastikfolie entfernen! – Wir ...
    ... entfernen sie. (L)   ... fernen sie ent. (H)

5. Die verstaubten Anschlüsse reinigen! – Wir ...
    ... reinigen sie. (O)   ... verstauben sie. (O)

6. Den Monitor aufstellen! – Wir ...
    ... aufstellen ihn. (K)   ... stellen ihn auf. (R)

7. Die Betriebstaste betätigen! – Ich ...
    ... tätige sie be. (I)   ... betätige sie. (C)

8. Die Verpackungen sachgerecht entsorgen! – Wir ...
    ... entsorgen sie sachgerecht. (A)   ... sorgen sie sachgerecht ent. (M)

Lösung: _____

Korrektur: Für jede richtige Lösung 1 Punkt

18 Schreiben Sie Sätze und verwenden Sie die folgenden Verben. Ein einziges der Verben ist untrennbar. Welches?

abstellen, zusammenstellen, anstellen, aufstellen, ausstellen, beistellen, zurückstellen, hochstellen, zustellen, einstellen, feststellen, wegstellen, bestellen, herstellen, hinstellen, nachstellen, umstellen, vorstellen

Korrektur: Für jeden richtigen Satz 1 Punkt

19 Die folgenden Verben finden sich in Bedienungsanleitungen. Welche sind trennbar? Unterstreichen Sie sie! Bilden Sie Sätze mit diesen Verben!

verbinden, abschalten, einstellen, herausziehen, anschließen, beeinflussen, einsetzen, einschalten, ausschalten, versorgen, hinzuschalten, einrasten, herabsetzen, ermöglichen, zudrehen, verwenden, zurückstellen, begrenzen, unterbrechen, abdichten

Korrektur: Für jeden richtigen Satz 1 Punkt

Für den ganzen Test: maximal 67 Punkte
mindestens 44 Punkte

§ 8   Untrennbare Verben

20 Schreiben Sie Sätze und verwenden Sie die folgenden Verben. Ein einziges Verb ist trennbar. Welches?

verkleinern, erzählen, bekommen, hinterlassen, geschehen, verhindern, enteignen, besuchen, misslingen, verstehen, zerstören, entstellen, veranstalten, organisieren, besuchen, erweitern, zerlegen, vergessen, feststellen, bestehen

Korrektur: Für jeden richtigen Satz 1 Punkt

21 Kreuzen Sie die richtige Form an. Die richtigen Buchstaben ergeben von oben nach unten gelesen ein Lösungswort.

1. Die Eltern hatten alle Geschenke ___, doch die Kinder fanden sie sehr schnell.
   verbreitert (K)   versteckt (V)   verstecktet (J)

2. Er hat zum ersten Mal seine Schlüssel ___ und erst am nächsten Morgen fand er sie wieder – im Kühlschrank.
   verlangt (G)   verboten (H)   verloren (E)

3. Beide Kinder haben im letzten Jahr den Muttertag ___ und die Mutter war schrecklich enttäuscht.
   vergegessen (F)   vergessen (R)   vergossen (L)

4. Bei dem Brand hat die Feuerwehr Schlimmeres ___; beinahe wäre nämlich die Fabrik nebenan auch abgebrannt.
   verhindert (W)   veranstaltet (N)   verboten (M)

5. Zu allen Zeiten sind Menschen ___ und meistens hätte es genug Nahrungsmittel gegeben, um sie zu retten.
   verhungt (D)   verhungert (A)   vertraut (P)

6. Die Baufirma hat alle Radwege ___, weil heute viel mehr Menschen mit dem Rad unterwegs sind als früher.
verbreitert (L)   versteckt (Q)   verbreitet (X)

7. Die Hotelgäste haben Unmögliches ___; zum Beispiel das Schwimmbecken voller Champagner.
verlangt (T)   veranstalt (R)   verhindert (S)

8. In immer mehr Städten werden sogenannte interkulturelle Feste ___; oft geht es nur um gutes Essen.
verloren (B)   verangestaltet (W)   veranstaltet (U)

9. Der Heiratsschwindler ist reich geworden, weil ihm so viele Frauen ___ haben.
vertrauen (C)   vertraut (N)   verlangt (V)

10. Die Eltern haben den Kindern ___, Gewaltfilme zu sehen.
verboten (G)   verhindert (B)   verbot (T)

Lösung: _____

Korrektur: Für jede richtige Lösung 1 Punkt

Für den ganzen Test: maximal 30 Punkte
         mindestens 20 Punkte

§ 9 Verben, die trennbar und untrennbar sind

22 **Schreiben Sie die folgenden Sätze neu – im Präsens.**

1. Viele sind bei der Prüfung durchgefallen, weil sie die Aufgaben einfach nicht durchschaut haben.

_____

_____

2. Er hat den Aufsatz ins Arabische übersetzt und der Verlag hat ihm sofort das Honorar überwiesen.

_____

_____

3. Er ist endlich aus der WG ausgezogen; immerhin haben sich alle noch einmal umarmt.

_____

_____

4. Das Regime, das das Volk seit Jahrzehnten unterdrückt hat, ist endlich untergegangen.

_____

_____

5. Er hat sich die verliehenen Bücher wiedergeholt, um die Französisch-
Vokabeln zu wiederholen.

_____

_____

6. Die Mehrheit der politischen Gefangenen hat sich dem Regime widersetzt und hat der offiziellen Propaganda offen widersprochen.

_____

_____

7. Der betrunkene Autofahrer hat mehrere Mülltonnen umgefahren.

_____

_____

8. Der Kleine hat sich einen Pullover übergezogen, denn seiner Mutter
ist kalt.

_____

_____

9. Nur wenige Passagierflugzeuge haben die Schallmauer durchbro-
chen.

_____

_____

10. Der Zeuge hat den Richter durchschaut und ist bei seiner Lüge geblieben.

_____

_____

Korrektur: Für jede richtige Lösung 2 Punkte
maximal 20 Punkte
mindestens 13 Punkte

§ 10 Reflexive Verben

23 **Kreuzen Sie die richtigen Pronomen an. Die richtigen Buchstaben ergeben von oben nach unten gelesen ein Lösungswort.**

1. Kannst du ___ die neuen langen Telefonnummern gut merken?
   dir (B)   dich (P)   sich (F)

2. Ich ärgere ___, wenn ich Telefonnummern vergesse.
   mich (U)   dich (G)   mir (H)

3. Ich stelle ___ die Entwicklung so vor, dass wir bald alle ununterbrochen erreichbar sein werden. (Fürchterlich!)
   uns (M)   mir (N)   mich (L)

4. Du denkst ___ unglaublich verrückte Geräte aus und die Industrie
   beschäftigt ___ schon längst mit solchen Dingen.
   dich/sich (N)   sich/sich (L)   dir/sich (D)

5. Im Bereich Medien und Kommunikation muss man ___ ständig nach
   aktuellen Trends erkundigen.
   sich (E)   uns (K)   euch (O)

6. Oft wundern wir ___, wie schnell Dinge veraltet sind.
   euch (F)   uns (S)   sich (J)

7. Da sehe ich ___ zum Beispiel ein neues Computerprogramm an, das
   gesprochene Sprache in geschriebene umsetzt – und umgekehrt.
   sich (D)   mir (B)   mich (S)

8. Mit Pronomen tut ___ ein solcher Computer noch etwas schwer.
   sich (A)   uns (E)   mir (T)

9. So etwas konnte ___ vor Jahren kaum ein Experte als machbar vorstellen.
   uns (B)   sich (N)   mich (B)

10. Durch die elektronischen Medien hat ___ die Kommunikation
    grundlegend geändert.
    mir (C)   euch (G)   sich (K)

Lösung: _____

Korrektur: Für jede richtige Lösung 1 Punkt

24 **Kreuzen Sie an. Die richtigen Buchstaben ergeben von oben nach unten gelesen ein Lösungswort.**

1. Ich würde ___ gern die Spiegelreflexkamera kaufen, die ich mir schon so lange wünsche.
    mir (F)   mich (P)

2. Damit würde ich ___ jede Woche einmal fotografieren.
    mich (E)   mir (N)

3. Ich würde ___ jedes Mal anders anziehen.
    mir (Q)   mich (R)

4. Und jede Woche würde ich ___ eine andere Dekoration ausdenken.
    mich (S)   mir (T)

5. Für jedes Foto würde ich ___ anders bewegen.
    mir (M)   mich (I)

6. Diese Fotoserie stelle ich ___ superinteressant vor.
    mir (G)   mich (L)

7. Nach einem Jahr würde ich ___ bestimmt schon über viele Veränderungen wundern.
    mich (H)   mir (K)

8. Ich weiß nicht, ob jemand ___ die Fotos ansehen würde.
    mir (J)   sich (A)

9. Vielleicht würden ___ andere nur langweilen.
    sich (U)   mir (G)

10. Ich selbst würde ___ , glaube ich, ein bisschen besser verstehen.
    mir (H)   mich (S)

    Lösung: _____

Korrektur: Für jede richtige Lösung 1 Punkt

25 **Ergänzen Sie!**

1. Der Tourist bedankte _____ beim Polizisten für ...

2. Ich würde _____ gern ... angucken.

3. Er kann _____ keine ... merken.

4. Oft denkt sie _____ ... aus.

5. Wir verabschieden _____ von ...

6. Du stellst _____ ... sehr einfach vor.

7. Der Schwimmweltmeister muss _____ regelmäßig ... rasieren.

8. Ein Arzt, der _____ nicht immer wieder ... wäscht, ist absolut untragbar.

9. Der Historiker beschäftigt _____ mit ...

10. Alle Fahrgäste haben _____ bei ... verletzt.

Korrektur: Für jede richtige Lösung 1 Punkt

26 Beim Analytiker! Ergänzen Sie bitte die Antworten!

1. Worüber haben Sie sich zuletzt geärgert?

   _____

2. Wann haben Sie sich zum letzten Mal einen guten Film angesehen?

   _____

3. Haben Sie sich in der letzten Zeit mal über etwas gefreut?

   _____

4. Haben Sie sich die Situationen gemerkt, in denen Sie sich aufregen?

   _____

5. Sind Sie eigentlich zufrieden mit dem, was sich in Ihrem Leben ereignet?

   _____

6. Ich glaube, dass Sie sich einfach nur zu Tode langweilen. Kann das sein?

   _____

7. Beschäftigen Sie sich einmal weniger mit Ihren Hobbys und mehr mit sich selbst!

   _____

8. Haben Sie sich schon vorgestellt, wie es ist, wenn Sie sich verlieben?

   _____

9.   Zuallererst sollten Sie sich ein paar Wochen ausruhen!

Nein, _____

Korrektur: Für jede richtige Lösung 2 Punkte

Für den ganzen Test: maximal 48 Punkte
                                 mindestens 32 Punkte

§ 11   Der Imperativ

27   **Spielplatz-Deutsch – Ergänzen Sie entsprechend dem Beispiel!**

Da nicht spielen!
Heißt: Spiel da bitte nicht (, weil es gefährlich ist).

1.   Vorsicht, nicht hingehen!

_____

2.   Nein, nicht springen!

_____

3.   Hier, hier, rutschen, rutschen!

_____

4.   Komm, hier, Schokolade nehmen, lecker!

_____

5.   „Danke" sagen!

_____

Korrektur: Für jeden richtigen Satz 1 Punkt

28   **Elternsprache im Kinderzimmer – Ergänzen Sie entsprechend dem Beispiel!**

0.   das Zimmer aufräumen!
Räum bitte dein Zimmer auf!

1.   den Rucksack weglegen!

_____

2.   die Spielsachen ins Regal legen!

_____

3.   das Dreirad aus dem Garten holen!

_____

4.   aufhören, den kleinen Lukas mit der Gabel zu stechen!

_____

5.   sich bei Lukas entschuldigen!

_____

6.   bitte aufhören, so laut zu schreien!

_____

7.   den Apfel essen!

_____

8.   die Hausaufgaben machen!

_____

9.   aufhören, per Internet Teddybären und andere Spielsachen zu bestellen!

_____

Korrektur: Für jeden richtigen Satz 1 Punkt

29   In einer Stadtverwaltung – Ergänzen Sie entsprechend dem Beispiel!

0.   Sitzenbleiben, warten!
     Das bedeutet: Bleiben Sie bitte sitzen und warten Sie!

1.   Lesen, aber genau lesen!

_____

2.   Herkommen!

_____

3.   Jetzt Gebühr bezahlen, Schalter neun!

_____

4.   Dann Quittung zeigen!

_____

5.   In sechs Monaten wiederkommen!

_____

6.   Frist (lauter: Frist!) nicht vergessen!

_____

7.   Papier nicht verlieren!

_____

8.   Dann auch Pass mitbringen!

_____

Korrektur: Für jeden richtigen Satz 1 Punkt

Für den ganzen Test: maximal 22 Punkte
**   mindestens 14 Punkte**

Der Imperativ ist in Deutschland wichtig!
Viele Deutsche sprechen mit Kindern und mit Ausländern lauter als sonst – und
falscher (mit Infinitiven statt Imperativen zum Beispiel!).
Achten Sie auf das Deutsch der Deutschen!
Bestehen Sie auf korrektem Deutsch!
Akzeptieren Sie keine Infinitiv-Imperative!
Sprechen Sie immer leiser, wenn jemand mit Ihnen immer lauter redet!

§ 12 Bildung des Perfekts mit „haben" oder „sein"

30 Welches der folgenden Verben bildet das Perfekt mit einer Form von *haben*?

gehen, ertrinken, aufstehen, umkommen, fallen, reisen, kommen, werden, sein, umziehen, einschlafen, springen, fahren, rennen, abreisen, machen, begegnen, laufen, verschwinden, verblühen

Korrektur: 2 Punkte für das richtige Verb

31 Im Gefängnis – Schreiben Sie die Sätze bitte neu – im Perfekt, wo es angemessen ist, sonst im Präteritum!

1. Er steht um 6.30 Uhr auf, jeden Morgen.

2. Er wäscht und rasiert sich.

3. Dann wartet er auf den Beamten, der seine Tür aufschließt.

4. Er geht in die Schreinerei, wo er seine Kollegen trifft.

5. Er arbeitet acht Stunden am Tag, mit einer Mittagspause von einer Stunde.

6. Mittags gehen alle ins Gefängnisrestaurant und essen.

7. Immer essen alle dasselbe.

8. Nachher ruhen sie sich ein bisschen aus.

    _____

9. Die Tage sind sehr langweilig.

    _____

10. Und die Abende im Gefängnis sind fürchterlich.

    _____

11. Um 17 Uhr kommt er in seine Zelle zurück.

    _____

12. Er kann dann fernsehen.

    _____

13. Nach 60 Minuten schaltet sich das Fernsehgerät automatisch ab.

    _____

14. Und dann sitzt er da – im Dunkeln, jeden Abend, seit achtzehn
     Jahren.

    _____

    _____

15. Einmal steht er auf, geht ans Fenster und schreit ganz laut: „Nein!"

    _____

16. Einer der Nachbarn ruft dann: „Ruhe!"

    _____

17. Er setzt sich dann an den kleinen Tisch, die Augen zu, ganz in Ge-
     danken an früher.

    _____

    _____

18. Oder er legt sich gleich aufs Bett.

    _____

19.   Lesen kann er nicht.

_____

20.   Ganz spät schläft er ein. Noch neun Jahre!

_____

Korrektur: Für jeden richtigen Satz 2 Punkte

32   Unterstreichen Sie das eine Verb, das das Perfekt mit _sein_ bildet.

rufen, umgraben, anprobieren, essen, sich rasieren, können, öffnen, haben, antworten, liegen, wachsen, schlafen, bringen, untersuchen, schreiben, kündigen, löschen, überfallen, beschädigen, wohnen

Korrektur: 2 Punkte für das richtige Verb

33   Kreuzen Sie an. Die angekreuzten Buchstaben ergeben von oben nach unten gelesen ein Lösungswort.

1.   Obwohl sie schon um 19 Uhr eingeschlafen ___, ___ sie bis mittags geschlafen.
hat/ist (R)   ist/ist (F)   ist/hat (N)

2.   Mit ihren sechs Kindern ___ sie gekommen und ___ mit uns gegessen. Eine Unverschämtheit!
ist/ist (K)   hat/hat (T)   ist/hat (I)

3.   Er ___ zwar immer großes Glück gehabt, aber aus ihm ___ eigentlich nichts geworden.
hat/hat (L)   hat/ist (V)   ist/hat (B)

4.   Beide ___ lange gelitten und ___ am Jahresende gestorben.
haben/haben (N)   haben/sind (E)   sind/sind (V)

5.   Unser Freund ___ immer Zeit gehabt; er ___ wochenlang geblieben.
hat/ist (A)   hat/hat (M)   ist/hat (Z)

Lösung: _____

Korrektur: 1 Punkt für jede richtige Lösung

Für den ganzen Test: maximal 49 Punkte
                    mindestens 32 Punkte

§ 13 Transitive und intransitive Verben, die schwer zu unterscheiden sind

34 Herr Müller ist in Wirklichkeit nicht der perfekte Hausmann, wie es in Kapitel 13, Übung 2 den Anschein hat. Eigentlich macht er im Haushalt alles falsch und er ist froh, dass seine Frau eine bekennende Hausfrau ist.

1. Das Geschirr steht auf dem Schreibtisch; seine Frau (Küchenschrank / zurückstellen)

   _____

   _____

2. Die Gläser hat Herr Müller in den Hobbyraum gebracht; seine Frau (Wohnzimmerschrank / stellen)

   _____

   _____

3. Tassen und Teller stehen im Vorratskeller; Frau Müller (zurückholen / Glasvitrine / stellen)

   _____

   _____

4. Die Tischtücher liegen nach Herrn Müllers Aufräumaktion im weißen Schränkchen im Bad; seine Frau (unterste Schublade der Glasvitrine / legen)

   _____

   _____

5. Die Servietten liegen nicht im Schränkchen, sondern neben den Badetüchern in der Garage. Frau Müller (der richtige Ort / legen)

   _____

   _____

6. Geschirrtücher und Badetücher hängen durcheinander im Gästezimmer. Frau Müller (ordnen / einzelne Schränke / verteilen)

   _____

   _____

7.   Die Wäsche hängt auf der Wäscheleine des Nachbarn. Frau Müller
     (sich entschuldigen / die Wäsche abnehmen / auf die richtige Leine
     hängen)

     _____

     _____

8.   In der Waschmaschine steckt noch Frau Müllers ausgefärbtes Cock-
     tailkleid. Sie verliert fast die Geduld und (herausnehmen / entfärben
     / auf die Wäscheleine hängen)

     _____

     _____

9.   Die schmutzige Wäsche (32 Kilo!) hat Herr Müller der Einfachheit
     halber in die Wäscherei gebracht. Seine Frau (zurückholen / Wasch-
     maschine / stecken)

     _____

     _____

10. Schließlich hat Herr Müller noch die Schuhe aufgehängt. Frau Mül-
     ler verzweifelt und (abnehmen / Schuhschrank / stellen)

     _____

     _____

Korrektur: Für jeden richtigen Satz 2 Punkte
        insgesamt 20 Punkte
        mindestens 13 Punkte

§ 14 Rektion der Verben

35   **Einfach fürchterliche Kinder – Ergänzen Sie die Endungen, die Artikel und
     die Pronomen!**

     1.   Mein Freund würde ___ wahrscheinlich widersprechen; aber jeder,
          der seine beiden Kinder kennt, würde ___ zustimmen: Lukas und An-
          na sind schreckliche Kinder.
          mir/mich (A)   mich/mir (O)   mir/mir (B)

     2.   ___ Freund würde meine Offenheit nicht gefallen und er würde ___
          wohl erwidern, ___ fehle eben das Verständnis für Kinder.
          Meinem/mir/mir (A)   Mein/mich/mir (S)

3. Mein Freund erwartet gar nicht, dass die zwei ___ gehorchen, wenn
    er sie ausnahmsweise um etwas bittet.
    sich (T)   ihn (D)   ihm (L)

4. Er schenkt ___ alles: ___ Fernsehapparat, ___ Motorroller, ___ Schuh-
    putzmaschine.
    ihnen/ein/ein/ein (H)   ihnen/einen/einen/eine (K)

5. Und die beiden sagen ___ Vater, dass diese Geschenke doch wohl
    selbstverständlich seien.
    ihr (E)   ihren (N)   ihrem (O)

6. Sie denken nicht daran, ___ ab und zu zu danken.
    ihn (B)   ihm (N)   er (M)

7. Sie ähneln, finde ich, sehr ___ Mutter, ___ ich nur einmal begegnet
    bin und die ___ auch sehr egozentrisch und neurotisch vorkam.
    ihrer/der/mir (P)   ihre/die/sich (T)

8. Anna verschweigt ___ Vater, dass sie hoch verschuldet ist.
    ihren (H)   ihr (X)   ihrem (F)

9. Lukas hat einmal ___ Nachbarn Computersoftware gestohlen; er hat
    sie dann im Büro seines Vaters versteckt.
    seinem (L)   seines (G)   sein (Ö)

10. Mein Freund verzeiht ___ Kindern einfach alles. Alles! Und er ver-
    traut ___ grenzenlos.
    seinen/ihnen (A)   seine/sie (L)

11. Nach meinen Erfahrungen mit den beiden würde ich ___ nicht ein-
    mal mehr einen Kochtopf leihen.
    sie (J)   ihn (H)   ihnen (N)

12. Zuletzt habe ich ___ Freund noch geschrieben und ___ zugeredet,
    sich einmal sehr ernsthaft mit seinen Kindern zu unterhalten.
    meinem/ihm (Z)   meinen/ihm (K)   mein/ihn (B)

13. Wenn wir uns demnächst sehen, wird er ___ ganz bestimmt wieder
    empfehlen, meine Nase nicht in seine Angelegenheiten zu stecken.
    sich (D)   ihm (S)   mir (E)

    Lösung: _____

Korrektur: Pro richtiger Lösung 1 Punkt
            insgesamt 13 Punkte
            mindestens 8 Punkte

§ 15 Verben mit präpositionalem Objekt

36   Nachfolgeprobleme – Kreuzen Sie die fehlenden Präpositionen an. Die angekreuzten Buchstaben ergeben, wenn es die richtigen sind, von oben nach unten gelesen ein Lösungswort.

1.   Sein Leben lang hat sich der Industrielle ___ seine Firma und ___ seine Geschäfte gekümmert.
     über/über (M)   um/um (N)   für/um (T)

2.   Ständig hat er ___ den Ausbau seines Konzerns nachgedacht und dabei ___ ein beinahe unbegrenztes Wachstum geglaubt.
     nach/an (M)   über/an (I)   über/auf (S)

3.   Er gehörte ___ denjenigen Unternehmern, die noch alles allein entscheiden und die nichts ___ einem modernen Führungsstil halten.
     zu/von (E)   an/für (Ö)   bei/ab (L)

4.   Sie herrschen ___ ihren Betrieb wie Despoten ___ ihre Völker.
     über/über (R)   in/in (P)   für/für (D)

5.   Sie beschäftigen sich ___ allen Details ihrer Firma; nur ___ eines sorgen sie sich oft viel zuwenig: ___ ihre Familie und ___ ihre Nachfolge.
     über/um/um/um (W)   mit/um/um/um (E)   mit/für/für/für (N)

6.   In der knappen Freizeit sehnen sie sich hauptsächlich ___ Ruhe; es liegt ihnen nicht ___ Auseinandersetzungen.
     an/nach (M)   zu/nach (S)   nach/an (N)

7.   Der Unternehmer alten Stils lacht ___ familiäre Probleme, weil er sie ___ Bagatellen hält.
     über/für (T)   um/nach (Z)   um/für (V)

8.   Man muss sich ___ einen Unternehmer wundern, der alles beherrscht, der sich aber allem Anschein nach ___ seine Nachfolge nicht einmal interessiert.
     über/an (Ä)   über/für (I)   auf/an (P)

9.   Der Firmenpatriarch stirbt ___ seinem dritten Herzinfarkt; sogar die eigene Familie wundert sich ___ seine Sterblichkeit.
     in/auf (K)   an/über (S)   über/an (Z)

10. Die Erben streiten ___ das Vermögen und ___ die Nachfolge in der Firmenleitung.
     für/für (L)   auf/für (O)   um/um (C)

11. So geraten Unternehmen ___ eine schwierige Lage, weil ihre Chefs

___ niemand vertrauen, oft ___ Ratschläge verzichten und sich einfach dar___ verlassen, dass alles gut geht und dass sie schon nicht sterben werden.

in/auf/auf (H)   in/in/gegen/über (K)

Lösung: _____

Korrektur: Für jede richtige Lösung 1 Punkt

37 **Kreuzen Sie die richtigen Präpositionen an. Die angekreuzten Buchstaben ergeben, wenn es die richtigen sind, von oben nach unten gelesen ein Lösungswort.**

1. ___ fast allen Eltern im Wohnviertel kämpften Schneiders ___ die Stadtverwaltung ___ den Erhalt des Abenteuerspielplatzes.
    Mit/gegen/um (O)   Gegen/mit/um (L)

2. Meine Schwägerin spricht immer wieder ___ besorgten Eltern ___ ihre Erfahrungen mit Sekten und ___ ihrem Schlüsselerlebnis mit einem Sektenanführer.
    vor/von/über (M)   mit/über/von (S)

3. Der Wirtschaftsminister unterhält sich ___ den Bischöfen ___ die Konsequenzen der Arbeitslosigkeit.
    mit/über (T)   von/für (K)

4. Die Jugendlichen bedankten sich ___ dem Nikolaus, ___ den sie längst nicht mehr glaubten, ___ die fantastischen Geschenke.
    bei/an/für (E)   mit/über/für (T)

5. HIV-positive Menschen leiden nicht nur ___ körperlicher Schwäche, sondern auch ___ mancherlei Diskriminierung.
    unter/an (Ä)   an/unter (R)

6. ___ das Urteil rächte sich der Gangster ___ seinem Richter; nach der Verhandlung erschoss er ihn.
    Für/an (E)   Über/an (F)

7. Der uneheliche Sohn stritt jahrelang ___ den anderen Kindern des Millionärs ___ das Vermögen.
    gegen/für (O)   mit/um (I)

Lösung: _____

Korrektur: Pro richtiger Lösung 1 Punkt

**Für den ganzen Test: maximal 18 Punkte
                    mindestens 12 Punkte**

§ 16   Verben mit dass-Sätzen oder Infinitivkonstruktionen

38   Bilden Sie *dass*-Sätze oder Infinitivkonstruktionen!

0.   die Professorin / die Studenten / jemandem verbieten / Wörterbücher benutzen
Die Professorin verbietet den Studenten, Wörterbücher zu benutzen.

1.   der Offizier / der Soldat / jemandem etwas befehlen / eine eigene Meinung haben

2.   die Lehrerin / die Schüler / jemandem etwas empfehlen / skeptisch und kritisch sein

3.   die Sekretärin / die Chefin / jemandem etwas raten / sich etwas weniger konservativ kleiden

4.   der Gewerkschaftschef / der Arbeitgeberpräsident / jemanden zwingen / die Verhandlungen fortsetzen

5.   die Ehefrau / ihr Mann / jemanden auffordern / etwas spontaner sein

6.   die Schulbehörde / die Lehrer / jemandem etwas nicht erlauben / in der Schule rauchen

7.   der eine Kollege / der andere Kollege / jemanden überzeugen / zur
Kur fahren

_____

_____

Korrektur: Für jeden richtigen Satz 2 Punkte

39   **Bekenntnisse – Ergänzen Sie bitte die Sätze. Ersetzen Sie die *dass*-Sätze
durch Infinitivkonstruktionen, wo es sich anbietet.**

1.   Der Vegetarier sagt sofort, dass

_____

2.   Der Christ bekennt schon im ersten Satz, dass

_____

3.   Die Pazifistin wünscht sich, dass

_____

4.   Der Kommunist verlangt, dass

_____

5.   Der Atheist hofft, dass

_____

6.   Die Fundamentalistin ist der Meinung, dass

_____

7.   Der Theoretiker macht die Einschränkung, dass

_____

8.   Die Fleischesser antworten, dass

_____

9.   Der Kapitalist fordert, dass

_____

10.   Und der Tierschützer meint, dass

_____

11.   Die Idealistin befürchtet, dass

_____

12.   Eine Sozialistin muss verlangen, dass

_____

13.   Der Hinduist wünscht sich, dass

_____

14.   Der Skeptiker ist ausnahmsweise ganz sicher, dass

_____

15.   Seine Kollegin nimmt auch nicht an, dass

_____

16.   Alle zusammen sorgen dafür, dass der Faschist den Mund hält.

Korrektur: Für jeden richtigen Satz 2 Punkte

40   Ergänzen Sie die Sätze.

0.   Die Müllabfuhr kommt täglich.
     Es ist angenehm, dass die Müllabfuhr täglich kommt.

1.   Die Mietnebenkosten (Müllabfuhr, Hausversicherung, Strom usw.)
     steigen ständig.

     Es ist fürchterlich, dass _____

     _____

     _____

2.   Bestimmte Materialien darf man nicht in den Hausmüll geben.

     Es ist verboten, _____

     _____

3. Eine weitergehende Müllvermeidung ist natürlich möglich.

    Natürlich ist es möglich, _____

    _____

4. Die anfängliche Zurückhaltung beim häuslichen Müllsortieren war
    verständlich.

    Es war verständlich, _____

    _____

5. Immer mehr Gartenbesitzer vergraben den organischen Abfall.

    Es ist bemerkenswert, _____

    _____

Korrektur: Für jeden richtigen Satz 2 Punkte

Für den ganzen Test: maximal 56 Punkte
**   mindestens 37 Punkte**

§ 17 Fragen

**41   Fragen, Antworten und Lügen – Ergänzen Sie bitte die Fragen des Krimi-
nalkommissars!**

1. Kommissar: Gestehen Sie doch! Haben Sie Professor Stein die Formel
    gestohlen?
    Dr. Hempel: Nein, natürlich nicht, absurd!

2. K.: _____?

    H.: Ich kenne Professor Stein seit 1989.

3. K.: _____?

    H.: Ja, kann man sagen, wir waren sehr eng befreundet.

4. K.: _____?

    H.: Nein, unsere Arbeitsbereiche waren sehr verschieden.

5. K.: _____?

    H.: Ja, er hat mir gesagt, wo die Formel war, in einem seiner Lieb-
    lingsbücher.

6. K.: _____?

H.: Wo genau? Also, in seiner Einführung in die Chemie, zwischen den Seiten 95 und 96.

7. K.: _____?

H.: Ich weiss das so genau, weil das die Geburtsjahre der beiden Töchter von Professor Stein sind.

8. K.: _____?

H.: An seinem Geburtstag? Am 31. Juni? Ich war zu Hause.

9. K.: _____?

H.: Ja, ich war allein.

10. K.: _____?

H.: Nein, bestimmt habe ich nicht ferngesehen. Ich habe an meinem Buch über die Quantentheorie gearbeitet.

11. K: _____?

H.: Ja, genau, dann rief er mich an.

12. K.: _____?

H.: So kurz nach zehn, nach dem „Tatort".

13. K.: _____?

H.: Nein, ich bin nicht zu ihm gefahren.

14. K.: _____?

H.: Er sprach über die Formel und darüber, dass er sie in Sicherheit bringen müsse.

15. K.: _____?

H.: Ja, er sagte, er müsse sie vor Agenten aus K. in Sicherheit bringen.

16. K.: _____?

H.: Das weiß ich nicht. Kanada, Karlsruhe, Kirgisien, Köln. Ich habe keine Ahnung.

17. K.: _____?

H.: Doch, ich habe Prof. Stein gefragt, er wollte mir aber nicht sagen, was K. bedeutete.

18. K.: _____?

H.: Nein, nein, nein, ich bin nicht dorthin gefahren und ich habe die Formel auch nicht gestohlen.

19. K.: Sie sind ein ganz miserabler Lügner, Dr. Hempel!

Sind Ihnen die drei Lügen von Dr. Hempel aufgefallen? Nennen Sie sie!

Korrektur: Für jeden richtigen Satz 2 Punkte

42   Neben Ihnen in der Straßenbahn sitzt ein Fernsehstar. Fragen Sie ihn direkt,

1.   ob er auch findet, dass es (für die Jahreszeit) viel zu kühl ist.

_____?

2.   ob er weiß, wie spät es ist.

_____?

3.   ob er eine Monatskarte hat.

_____?

4.   ob er auch so müde ist.

_____?

5.   welcher Friseur ihm die Haare so toll geschnitten hat.

_____

_____?

6.   ob er außer dem Fernsehjob noch eine richtige Arbeit hat.

_____

_____?

7.   ob er es nicht schrecklich findet, wenn ihn alle möglichen Leute in
     der Straßenbahn und auf der Straße ansprechen.

_____

_____?

Korrektur: Für jeden richtigen Satz 1 Punkt

43   Interview – Wie lauten die Fragen?

1.   _____?

Ja, ich bin gestresst.

2.   _____?

Meine Kinder sind 14 und sechs Jahre alt.

3.   _____?

Das war 1992, im April.

4.   _____?

Ja, bitte, hier ist noch frei.

5.   _____?

Nein, ich kenne das Schloss nicht.

6.   _____?

Mein Bruder? – Drei, zwei Jungen und ein Mädchen.

7.   _____?

Doch, doch, ich finde, dass man Alkohol als Droge sehen sollte.

8.   _____?

Netto etwas über 1.500 Euro.

9.   _____?

Nein, ich finde nicht, dass die erste Million die schwerste ist.

10. _____?

Ich lieber ins Theater, mein Mann lieber in die Oper.

11. _____?

Viertel vor elf, genau.

12. _____?

Ja, ich bezahle bar.

Korrektur: Für jeden Satz 2 Punkte

Für den ganzen Test: maximal 69 Punkte
mindestens 46 Punkte

§ 18 Modalverben

44 **Rollenspefizisches – Kreuzen Sie das richtige Modalverb an. Die ange-kreuzten Buchstaben ergeben dann von oben nach unten gelesen ein Lö-sungswort.**

1. Fotomodel: „Ich ___ endlich wissen, wie Schweinefleisch schmeckt!"
will (T)   soll (K)   muss (T)

2. Arbeitgeber: „Die Gewerkschaftsfunktionäre? ___ hereinkommen!"
Sollen (E)   Müssen (R)   Dürfen (L)

3. Pilot: „Wenn Sie möchten, ___ Sie direkt rechts unter uns die Zug-spitze sehen."
dürfen (N)   können (M)   müssen (P)

4. Herzpatient: „Den Cognac ___ ich jetzt stehenlassen."
will (F)   darf (Ö)   muss (P)

5. Vater (1955): „Ich ___ nicht nur entscheiden, was du studierst; ich will das! Verstanden?"
möchte (O)   soll (K)   darf (T)

6. Vater (1995): „Wir, deine Mutter und ich, würden uns sehr freuen, wenn du uns gelegentlich sagen ___ , was du eventuell später einmal studieren ___ ."
könntest/möchtest (T)   solltest/müsstest (L)

7. Marathonläufer (bei km 37): „Ich ___ einfach nicht mehr laufen."
soll (B)   kann (A)   muss (N)

8. Börsenmakler: „Garantieren ___ wir nichts."
    können (S)   wollen (Z)   möchten (K)

9. Alkoholiker: „Ich ___ nicht einfach so aufhören!"
    will (G)   soll (V)   kann (C)

10. Eltern (18.10 Uhr) : „Das ___ du natürlich nicht haben. Das geht ka-
    putt!"
    möchtest (Ä)   kannst (H)   musst (T)

11. Polizist: „Hier ___ Sie höchstens 60 km/h fahren."
    dürfen (E)   sollen (U)   müssen (P)

12. Lebensmüder: „Ich ___ nicht mehr leben."
    soll (I)   darf (H)   will (N)

13. Eltern (20.25 Uhr): „Okay, du ___ es haben, nimm es dir schon!"
    kannst (T)   musst (J)   möchtest (Ü)

14. Verantwortlicher: „Das ___ ich nicht verantworten."
    muss (R)   kann (U)   soll (S)

15. Kellnerin: „Was ___ es denn sein?"
    soll/darf (C)   muss (M)   kann (W)

16. Trainer: „Du ___ die Konsequenzen tragen, wenn du die Mittel nicht
    mehr einnehmen ___ !"
    möchtest/kannst (O)   musst/willst (H)

    Lösung: _____

Korrektur: Für jede richtige Lösung 2 Punkte

**45 Fluggepäck – Kreuzen Sie das passende Modalverb an. Die angekreuzten
Buchstaben ergeben, wenn die Antworten richtig sind, von oben nach unten gelesen ein Lösungswort.**

1. Explosivstoffe, Munition und Feuerwerkskörper ___ auf keinen Fall
    als Fluggepäck aufgegeben werden.
    sollen (A)   dürfen (G)

2. Radioaktive Materialien ___ man ebenfalls nicht als Passagiergepäck
    aufgeben.
    darf (U)   muss (R)

3. Mobiltelefone ___ während einer Flugreise unbedingt ausgeschaltet
    bleiben.
    müssen (M)   können (K)

4. Ein Sprechfunkgerät ___ an Bord eines Flugzeugs nicht benutzt werden.
   soll (M)   darf (M)

5. Das aufgegebene Gepäck ___ keine Gase (entzündliche oder nicht entzündliche) und keine entflammbaren Stoffe (flüssige oder feste) enthalten. Streichhölzer zum Beispiel sind im Fluggepäck verboten.
   darf (I)   möchte (S)

6. Wer auf einer internationalen Flugreise in der einfachen Klasse viel mehr als 20 kg Gepäck mitnehmen ___ / ___ , ___ mit Schwierigkeiten rechnen.
   will/möchte, muss (B)   muss/soll, darf (B)

7. Für Übergepäck ___ man normalerweise 1,5 % des einfachen Flugpreises bezahlen – pro Kilo!
   kann (L)   muss (Ä)

8. Wer in der Business-Klasse fliegt, ___ / ___ 30 kg Gepäck transportieren lassen und Passagiere der ersten Klasse ___ / ___ noch einmal 10 Kilo Gepäck mehr mitnehmen.
   kann/darf, können/dürfen (R)   soll/muss, sollen/müssen (F)

9. Als Handgepäck ___ jeder Passagier nur ein Gepäckstück mitnehmen; die Ausmaße ___ 55 cm x 40 cm x 20 cm nicht überschreiten und das Gewicht, so eine Empfehlung, ___ nicht mehr als 8 kg betragen.
   darf/dürfen/soll (C)   muss/müssen/muss (O)

10. Handgepäck ___ sicher verstaut werden.
    muss (H)   kann (B)

11. Jedes Gepäckstück ___ von außen und von innen mit der Adresse des Passagiers versehen sein; nicht gekennzeichnetes Gepäck ___ nicht zur Beförderung angenommen werden.
    will/soll (T)   muss/darf (E)

12. Wer Fahrräder, Surfbretter, Kinderbetten oder Särge befördern lassen ___ / ___ , ___ / ___ sich bei den Fluggesellschaften nach den Bedingungen und den Preisen erkundigen.
    will/möchte, soll(te)/kann (N)   kann/darf, muss/soll (F)

    Lösung: _____

Korrektur: Für jede richtige Lösung 1 Punkt

Für den ganzen Test: maximal 28 Punkte
                    mindestens 18 Punkte

§ 19 Das Passiv

46 Babysachen – Die Versorgung eines Babys bedeutet sehr viel Arbeit. Das
Passiv stört da nur! Schreiben Sie die Sätze im Aktiv. Achten Sie darauf,
dass der Vater und die Mutter sich die Arbeit teilen!

1. Das Baby wird aus dem Bett genommen.

   _____

2. Es wird gestillt.

   _____

3. Dann wird es gewickelt.

   _____

4. Es wird unterhalten.

   _____

5. Es wird eine halbe Stunde lang geschaukelt.

   _____

6. Dann wird ihm etwas Zuckerwasser gegeben.

   _____

7. Das Kind wird – besonders in der ersten Zeit – verwöhnt.

   _____

8. Die Windeln werden ihm gewechselt.

   _____

9. Es wird gefüttert.

   _____

10. Kinderlieder werden ihm vorgesungen.

   _____

11. Es wird beruhigt.

_____

12. Und gebadet.

_____

13. Dann wird es ins Bett gelegt.

_____

14. Von dort aus werden die Eltern dann am nächsten Morgen vom Baby geweckt.

Was machen die Eltern falsch?

Korrektur: Für jeden richtigen Satz 2 Punkte

47 **Kirchen zu Kneipen – Ist es nicht von Belang, wer etwas tut, steht also eher ein Resultat, eine Tatsache im Vordergrund als ein Prozess oder eine Aktion, bietet sich oft das Passiv als die angemessenere Ausdrucksweise an.**
Bilden Sie bitte die Passiv-Varianten der folgenden Sätze und entscheiden Sie, ob eher das Aktiv oder eher das Passiv adäquat ist.

1. Aus der Luther-Kirche in Berlin-Spandau machten die Eigentümer zwölf Wohnungen.

_____

_____

2. Die Friedrichwerdersche Kirche in Berlin und St. Cäcilien in Köln nutzen die Besitzer heute als Museen.

_____

_____

3. Die Ulrichskirche in Halle an der Saale nutzt man als Konzertsaal.

_____

_____

4. In Willingen hat man eine Kirche in eine Kneipe umgewandelt, die „Don Camillo" heißt.

_____

_____

5. Eine Kirche in Moringen gab man auf, um den Raum als Kerzenfabrik zu nutzen.

   _____

   _____

6. Nicht nur in Deutschland haben die Kirchen wenig genutzte Gebäude geschlossen bzw. anders genutzt.

   _____

   _____

7. In der Nieuwe Kerk in Delft (Niederlande) veranstalten Künstler
   Kunstmessen.

   _____

   _____

8. In London hat ein exklusiver Club in einer ehemaligen Kirche ein
   Restaurant, das „Mosimann's", eingerichtet.

   _____

   _____

9. Die Synagoge von Offenbach bauten Investoren zu einem Musical
   Theater um.

   _____

   _____

10. In Polen nutzt man nur noch sieben von früher 228 Synagogen als
    Gotteshäuser.

   _____

   _____

11. Den meisten Synagogen in Polen hat man eine neue Funktion zuge-
    wiesen. Sie sind heute Museum oder Bibliothek, Kino oder Privat-
    wohnung, Feuerwehrhaus oder öffentliches Schwimmbad (in Posen).

   _____

   _____

12.   Innerhalb und außerhalb der Kirchengemeinden diskutiert man die
      Frage, ob und wie weit man ein Gotteshaus umfunktionieren darf.

      _____

      _____

Korrektur: Für jeden richtigen Satz 2 Punkte

48   **Ein Hobby sagt einiges über denjenigen, der es pflegt. Hierüber im Passiv
      zu sprechen, ist deshalb kurios. Bilden Sie Sätze im Aktiv!**

   1.   Es werden heimlich Teddybären und historische Kondensmilchdo-
        sen gesammelt. (von wem? – vom Generaldirektor des weltbekann-
        ten Multis)

        _____

        _____

   2.   Es werden haufenweise Liebesbriefe gefaxt. (vom Single nebenan)

        _____

   3.   Florenz-Bildbände werden gesammelt. (von der Star-Architektin)

        _____

   4.   Es werden Reptilien ausgestopft. (vom Telefonisten unserer Firma)

        _____

   5.   Warhol-Fotos werden verehrt. (von meiner Apothekerin)

        _____

   6.   Im Internet werden alle möglichen internationalen Zeitungen gele-
        sen. (von wem? Von der Oberstufenschülerin)

        _____

        _____

   7.   Früher wurden Gedichte geschrieben. (von unseren Großeltern)

        _____

8.   Es werden noch heute Kauri-Muscheln gesammelt. (vom Filialleiter
     der Sparkasse)

     _____

     _____

9.   Es wird in Mittelgebirgen gewandert. (wer dort wandert? – die Thea-
     teragentin)

     _____

10. VW-Käfer aus den 40er Jahren werden gesammelt. (vom Werkstattbe-
     sitzer)

     _____

     _____

11. Es werden Bierdeckel und Streichholzschachteln gesammelt. (vom
     Sohn des Gastwirts)

     _____

     _____

12. Autogramme von SPD-Politikern werden gesammelt. (vom Provinz-
     politiker)

     _____

     _____

13. Das „Kommunistische Manifest" in mehr als vierzig Sprachen wird
     verwahrt. (vom frustrierten Ideologen)

     _____

     _____

14. Gesammelt werden auch Coca-Cola-Dosen und -Flaschen. (von un-
     serem diabetischen Hausbesitzer)

     _____

     _____

15. Für Klatsch und Tratsch über Prominente wird sich interessiert. (wer
     sich interessiert? – der berühmte Mann auf der Straße)

_____

_____

Korrektur: Für jeden richtigen Satz 2 Punkte

49   **Es wird, wird es? – Stellen Sie die folgenden Passivsätze um. Was geschieht mit dem *es*?**

1.   Es wird in islamisch geprägten Ländern freitags nicht gearbeitet.

    Freitags _____

    _____

2.   Es wurde früher in katholischen Gegenden am Freitag kein Fleisch gegessen.

    In katholischen Gegenden _____

    _____

3.   Es wird besonders in den technischen Disziplinen sehr viel mit englischer Terminologie gearbeitet.

    Besonders _____

    _____

4.   Es werden nach wie vor zahlreiche Fachbücher in die verschiedensten Sprachen übersetzt.

    Nach wie vor _____

    _____

5.   Es werden von vielen Wissenschaftlern immer weniger neue Ideen publiziert und immer mehr alte Ideen wieder aufbereitet.

    Von vielen Wissenschaftlern _____

    _____

6.   Im Hinduismus wird dem Asketen mit großem Respekt begegnet.

    Es _____

    _____

7.   Gläubige Juden verzichten am Samstag (Sabbat) auf jede Art von Arbeit.

Es _____

_____

8.   Viel zu viele Bücher werden publiziert.

Es _____

9.   Längst nicht alle Bücher, die gekauft werden, werden auch gelesen.

Es _____

_____

10. Bücher, die wirtschaftlich kein Erfolg sind, werden irgendwann verramscht (d. h. billiger angeboten).

Es _____

_____

Korrektur: Für jeden richtigen Satz 1 Punkt

Für den ganzen Test: maximal 92 Punkte
**   mindestens 60 Punkte**

§ 20 Modalverben zur subjektiven Aussage

50   **Blasse Chefin – Ergänzen Sie dem Beispiel entsprechend.**

0.   Ich habe gehört, dass die Chefin so blass sei.
     Die Chefin soll so blass sein.

1.   Jemand hat gesagt, dass Sie gestern gehustet hat.

_____

2.   Ich habe auch gehört, dass sie völlig überarbeitet sei.

_____

3.   Man sagt, dass die Chefin krank von der Dienstreise zurückgekommen sei.

_____

_____

4. Ich habe gehört, es gebe in ihrer Familie ein Problem.

_____

5. Haben Sie auch schon gehört, dass Ihre Kinder ja auch miserable Schüler sind.

_____

6. Man sagt auch, sie nehme die ganze Zeit Medikamente.

_____

7. Ich hörte, sie sei gestern schon so langsam gegangen.

_____

8. Man sagt schon länger, dass ihre Ehe eine Katastrophe ist.

_____

9. Und dann ihr Mann, dieser Alkoholiker, dieser Taugenichts, dieser Versager.

_____

_____

Die Chefin kommt ins Büro: Hier soll ziemlich viel über persönliche Dinge geredet werden. Zu Ihrer Information: Ich bin kerngesund, arbeite gern und viel. Und noch eins: Kinder habe ich keine und ich lebe allein! Sorgen Sie sich also bitte nicht allzu sehr um meine Familie!

Korrektur: Für jeden richtigen Satz 2 Punkte

51 Was nicht alles sein soll! Formen Sie dem Beispiel entsprechend um!

0. Der Pilot soll betrunken gewesen sein!
    Ich glaube einfach nicht, dass der Pilot betrunken war.

1. Pommes frites sollen demnächst verboten werden.

    Ich bezweifele sehr, dass _____

2. Auch Autobahnen sollen in Kürze Radwege erhalten.

    Ich kann mir nicht vorstellen, dass _____

_____

3.   Flüge in die USA sollen noch billiger werden.

Unglaublich, dass _____

_____

4.   Ebbe und Flut sollen jetzt abgeschafft werden.

Es ist ja wohl unwahrscheinlich, dass _____

_____

5.   Alle deutschen Universitäten sollen privatisiert werden.

Ich halte es für ein Gerücht, dass _____

_____

6.   Schokolade soll schlank machen.

Es ist mir ganz neu, dass _____

7.   Die Polizisten sollen den Drogenhändler geschlagen haben.

Ich möchte nicht glauben, dass _____

_____

8.   Gerüchte sollten per Gesetz verboten werden.

Ich wünsche mir ein Gesetz, _____

_____

Korrektur: Für jeden richtigen Satz 1 Punkt

Für den ganzen Test: maximal 26 Punkte
**   mindestens 17 Punkte**

§ 21 Futur zum Ausdruck der Vermutung

52 **Andrea hat ihre Freundin Simone für 19 Uhr zum Abendessen eingeladen. In ihren Gedanken spielt sich Folgendes ab.**

0. (um 17.30 Uhr) – Simone kommt bestimmt pünktlich.
   Sie wird bestimmt pünktlich kommen.

1. (um 18.10 Uhr) – Sie bringt bestimmt eine Flasche Wein mit.

   _____

2. (um 18.15 Uhr) – Sie bringt doch wohl ihre beiden Rottweiler nicht mit.

   _____

3. (um 18.17 Uhr) – Vielleicht bringt sie doch die zwei Hunde mit.

   _____

4. (um 18.30 Uhr) – Ob sie ihr fürchterliches Billigparfum benutzen wird?

   _____

5. (um 19.05 Uhr) – Sie verspätet sich wohl ein bisschen.

   _____

6. (um 19.15 Uhr) – Gleich ruft sie an und sagt, was los ist.

   _____

7. (um 19.20 Uhr) – Sie hat wohl im Aufzug eine Nachbarin getroffen.

   _____

8. (um 19.25 Uhr) – Sie hat die Einladung vergessen, die blöde Kuh!

   _____

9. (um 19.40 Uhr) – Oder hatte sie einen Verkehrsunfall?

   _____

10.   (um 19.42 Uhr) – Sie hatte einen Unfall!!

_____

11.   (um 19.43 Uhr) – Ganz sicher hatte sie einen tragischen Unfall!

_____

_____

12.   (um 19.20 Uhr) – Oder jemand hat sie auf offener Straße überfallen.

_____

_____

13.   (um 20.10 Uhr) – Und dann ausgeraubt und vergewaltigt.

_____

_____

14.   (um 20.11 Uhr) – Man hat Simone entführt.

_____

15.   (um 20.11 Uhr) – Sie liegt zu Hause tot auf dem Fußboden.

_____

Um halb neun kommt endlich die Freundin: „Du, entschuldige, ich musste noch mit den Hunden nach Rottweil. Das war wirklich sehr wichtig für
die beiden. Wird doch nicht so tragisch sein, oder?"

Korrektur: Für jeden richtigen Satz 2 Punkte
                 maximal 30 Punkte
                 mindestens 20 Punkte

§ 22   Die Satzstellung im Hauptsatz

53   Das Grundgesetz – Welcher Satz ist richtig? Die Buchstaben der richtigen Antworten ergeben von unten nach oben gelesen ein Lösungswort.

1. Die Verfassung der Bundesrepublik Deutschland heißt Grundgesetz. (N)
1. Heißt Grundgesetz die Verfassung der Bundesrepublik Deutschland. (D)

2. Das Grundgesetz wurde am 8. Mai 1949 mit 53 gegen 12 Stimmen vom Plenum des Parlamentarischen Rates angenommen. (E)
2. Das Grundgesetz angenommen wurde am 8. Mai 1949 mit 53 gegen 12 Stimmen vom Plenum des Parlamentarischen Rates. (O)

3. Es bedurfte der Genehmigung der westlichen Besatzungsmächte (wurde am 12.5.1949 erteilt). (F)
3. Der Genehmigung (wurde erteilt am 12.5.1949) der westlichen Besatzungsmächte es bedurfte. (W)

4. Dann das Grundgesetz am 23. Mai 1949 verkündet wurde. (G)
4. Verkündet wurde das Grundgesetz dann am 23. Mai 1949. (I)

5. Und einen Tag später trat es in Kraft. (E)
5. Und trat es in Kraft einen Tag später. (P)

6. Erarbeitet der Parlamentarische Rat das Grundgesetz der Bundesrepublik Deutschland 1948 und 1949 in Bonn und in Herrenchiemsee hatte. (A)
6. Der Parlamentarische Rat hatte das Grundgesetz der Bundesrepublik Deutschland 1948 und 1949 in Bonn und in Herrenchiemsee erarbeitet. (R)

7. Der Anstoß zur Ausarbeitung einer Verfassung nach dem Zweiten Weltkrieg ausging von den drei westlichen Besatzungsmächten. (S)
7. Der Anstoß zur Ausarbeitung einer Verfassung nach dem Zweiten Weltkrieg ging von den drei westlichen Besatzungsmächten aus. (T)

8. Der Parlamentarische Rat bestand aus 65 Mitgliedern. (S)
8. Der Parlamentarische Rat bestand 65 Mitgliedern aus. (Ä)

9. Die Mitglieder berieten unter dem Vorsitz von Konrad Adenauer. (A)
9. Die Mitglieder unter dem Vorsitz von Konrad Adenauer berieten. (H)

10. Mit dem Grundgesetz gelang dem Parlamentarischen Rat eine vielgerühmte Verfassung. (R)
10. Dem Parlamentarischen Rat mit dem Grundgesetz eine vielgerühmte Verfassung gelang. (T)

11. Zum Beispiel nannte Ulrike Meinhof das Grundgesetz „in seiner ur-
    sprünglichen Form" in ihrem Artikel „Die Würde des Menschen"
    „total freiheitlich und total antimilitärisch". (B)

11. Ulrike Meinhof das Grundgesetz „in seiner ursprünglichen Form"
    nannte in ihrem Artikel „Die Würde des Menschen" „total freiheit-
    lich und total antimilitärisch". (F)

12. An anderer Stelle („Provinz und kleinkariert") bezeichnete Meinhof
    das Grundgesetz als „das Beste an der Bundesrepublik". (E)

12. Als „das Beste an der Bundesrepublik" Meinhof bezeichnete das
    Grundgesetz an anderer Stelle („Provinz und kleinkariert"). (Ö)

13. Seit dem 3. Oktober 1990 das Grundgesetz gilt auch in den Ländern
    der ehemaligen DDR. (U)

13. Seit dem 3. Oktober 1990 gilt das Grundgesetz auch in den Ländern
    der ehemaligen DDR. (Z)

    Lösungswort: _____

Korrektur: Für jede richtige Lösung 1 Punkt

**54 Das Grundgesetz – Bringen Sie die einzelnen Teile bitte in eine korrekte
Satzstellung und passen Sie die Verb- und Substantivformen an! (Verglei-
chen Sie die Sätze nachher, wenn Sie wollen, mit den Artikeln des Grund-
gesetzes!)**

1. Art. 1 (1) – unantastbar sein / die Würde / der Mensch

   _____

2. Art. 2 (2) – haben / Leben / das Recht auf / jeder / körperliche Unversehrtheit / und

   _____

   _____

3. Art. 3 (1) – gleich sein / vor dem Gesetz / alle Menschen

   _____

4. Art. 3 (2) – gleichberechtigt sein / Männer / Frauen / und

   _____

5. Art. 4 (3) – gezwungen werden dürfen / gegen sein Gewissen / mit
   der Waffe / zum Kriegsdienst / niemand

_____

_____

6. Art. 6 (1) – stehen / die staatliche Ordnung / Ehe und Familie / unter dem besonderen Schutz

_____

_____

7. Art. 10 (1) – unverletzlich sein / sowie / das Briefgeheimnis / das Post- und Fernmeldegeheimnis

_____

_____

8. Art. 13 (1) – unverletzlich sein / die Wohnung

_____

9. Art. 14 (2) – verpflichten / Eigentum

_____

10. Art. 16 (1) – entzogen werden dürfen / die deutsche Staatsangehörigkeit / nicht

_____

_____

11. Art. 20 (2) – ausgehen / vom Volke / alle Staatsgewalt

_____

12. Art. 22 – sein / schwarz–rot-gold / die Bundesflagge

_____

13. Art. 27 – bilden / eine einheitliche Handelsflotte / alle deutschen Kauffahrteischiffe

_____

_____

14. Art 31 – brechen / Bundesrecht / Landesrecht

_____

15.   Art 62 – bestehen aus / der Bundeskanzler / die Bundesminister / die
Bundesregierung

_____

_____

Korrektur: Für jeden richtigen Satz 2 Punkte

Für den ganzen Test: maximal 43 Punkte
mindestens 29 Punkte

§ 23 und 24   Satzverbindungen

55   **Schwanger! – Kreuzen Sie an, was am besten passt. Die angekreuzten
Buchstaben ergeben von oben nach unten gelesen ein Lösungswort –
wenn die Antworten richtig sind.**

1.   Die Schwangere entscheidet sich für das Kind, ___ ihr Freund ist gegen diese Entscheidung.
denn (R)   sondern (K)   aber (H)

2.   Sie setzt sich mit ihrer Meinung durch, ___ sie hält sich in dieser Situation für die wichtigere Person.
aber (E)   denn (A)   sondern (N)

3.   Sie will das Kind einfach, ___ sie will nach einer gewissen Zeit auch
wieder in ihrem Beruf arbeiten.
sondern (T)   denn (L)   aber (N)

4.   Die Eltern ihres Freundes unterstützen sie überhaupt nicht, ___ be-
stärken ihren Sohn in seiner Haltung.
sondern (D)   aber (F)   und (R)

5.   Später werden sie vielleicht die berühmten Großeltern-Gefühle ent-
wickeln, ___ ihre Beinahe-Schwiegertochter wird sie an ihr jetziges
Verhalten erinnern.
sondern (Z)   aber (W)   denn (Ö)

6.   „ ___ sie helfen mir jetzt", denkt die künftige Mutter, „ ___ sie können mir gestohlen bleiben."
Entweder ... oder (E)   Aber ... denn (M)   Und ... denn (I)

7.   Vielleicht ändert ja der junge Vater seine Meinung noch, ___ ein Ul-
traschallfoto ist oft wirkungsvoller als alle Argumente.
aber (J)   denn (R)   und (I)

8. Der Ultraschall ist nicht nur von medizinischem Wert, ___ er trägt sehr zur Vorfreude der Eltern bei.

    sondern (K)   aber (R)   und (L)

    Lösung: _____

Korrektur: Für jede richtige Lösung 1 Punkt

56 **Entscheidungen:** *entweder ... oder* **– Ergänzen Sie bitte.**

1. Meine Schuhe sind schmutzig; entweder putze ich sie oder

    _____

2. Unser Auto hat kein Benzin mehr; entweder tanken wir oder

    _____

3. Wir haben nur noch eine Zigarette; _____

    _____

4. Die Reise nach Neuseeland ist ausgebucht; _____

    _____

5. Unser Haus müsste mal gestrichen werden; _____

    _____

6. Deine Wohnung ist in einem fürchterlichen Zustand; _____

    _____

7. Seine Frau hat schon Probleme mit dem Magen; _____

    _____

8. Das Schwimmbad hat kein Wasser mehr; _____

    _____

9. Er steht im Flugzeug und alle Plätze sind besetzt; _____

_____

10. Das superteure Lederkleid ist schon nach einer einzigen Reinigung

beschädigt; _____

_____

11. Sie ist schwanger und möchte kein viertes Kind; _____

_____

12. Er ist gegen Alkohol und auf dem Fest gibt es nur Wein und Bier;

_____

13. Im Supermarkt gibt es keine Milch mehr; _____

_____

14. Die Stewardess wird wegen der kleinen Tätowierung entlassen;

_____

Korrektur: Für jeden richtigen Satz 1 Punkt

57 **Noch mehr:** *nicht nur ... sondern auch* – **Verbinden Sie die Sätze mit** *nicht nur ... sondern auch.*

1. Der perfekte Bankräuber: Er verfügt über kriminelle Energie. Er ist intelligenter als die meisten anderen Ganoven.

_____

_____

2. Der unglückliche Professor: Als Wissenschaftler hat er einen schlechten Ruf. Und als Lehrer ist er eine Katastrophe.

_____

_____

_____

3. Die kranke Apothekerin: Sie ist medikamentenabhängig. Und sie hat
    große finanzielle Probleme.

    _____

    _____

4. Der bankrotte Investor: Er hat kein Geld mehr. Er ist nicht mehr kre-
    ditwürdig.

    _____

    _____

5. Die Bestseller-Autorin: Sie ist außergewöhnlich kreativ. Sie kennt die
    richtigen Leute im Verlag.

    _____

    _____

6. Der allergische Müllmann: Er hasst offene Mülltonnen. Er wird wü-
    tend, wenn er Berge von Papier im Hausmüll sieht.

    _____

    _____

7. Die gestresste Hebamme: Sie ist in der Klinik erreichbar. Sie hat auch
    noch zwei Handys.

    _____

    _____

8. Die wohlhabende Witwe: Sie ist vergnügungssüchtig. Sie hat den
    Elan einer Fünfundzwanzigjährigen.

    _____

    _____

    _____

Korrektur: Für jeden richtigen Satz 1 Punkt

58 Gar nichts: *weder ... noch* – Verbinden Sie die Sätze durch *weder ... noch*.
Achten Sie bitte besonders darauf, wie sich die Negation verändert!

1. Der wirklich arme Kerl: Er ist nicht reich. Und er hat keine gute Ausbildung.

_____

_____

2. Die mittelmäßige Schauspielerin: Sie hat kein Talent. Sie ist auch
nicht voll und ganz bei der Sache.

_____

_____

3. Der entlassene Manager: Er ist nicht durchsetzungsfähig. Und er hat
null Charisma.

_____

_____

4. Die erfolgreiche Architektin: Sie kennt nicht die richtigen Leute. Sie
hat keine Fantasie.

_____

_____

5. Der chancenlose Provinzpolitiker: Er ist nicht gesund. Von seiner
Partei wird er nicht unterstützt.

_____

_____

Korrektur: Für jeden richtigen Satz 1 Punkt

59 Inkonsequent? *einerseits ... andererseits* – Ergänzen Sie die begonnenen
Sätze.

1. Vegetarier sind einerseits gesundheitsbewusste Menschen, andererseits

_____

2. Einerseits sind CDU–Politiker konservativ, andererseits

_____

3. Einerseits ist das Internet hilfreich, andererseits

_____

4. Einerseits ist die Demokratie eine sehr entwickelte Herrschaftsform,

_____

5. Journalisten haben einerseits eine größere Macht als Politiker, andererseits

_____

Korrektur: Für jeden richtigen Satz 1 Punkt

Für den ganzen Test: maximal 40 Punkte
mindestens 26 Punkte

§ 25 Nebensätze

60 Lego mit Chips

1. In der ganzen Welt haben mehr als 300 Millionen Menschen als Kinder mit kleinen Plastikbausteinen gespielt. Diese Steinchen werden unter dem Namen Lego seit 1949 von dem gleichnamigen dänischen Familienunternehmen produziert. – Diese beiden Sätze sind gut zu verbinden. Wie wär's mit einem Relativsatz?

_____

_____

_____

2. Der Name Lego wurde vom Firmengründer entwickelt. Der Name ist sehr einprägsam und hat in den meisten Sprachen einen angenehmen Klang. (Er ist aus „Leg godt" entstanden, auf deutsch „Spiel gut".) – Diese beiden Sätze sind gut zu verbinden. Mit einem kausalen Nebensatz etwa.

_____

_____

_____

3. Der Legostein wurde weit vor der Computerära entwickelt. – Bitte einen temporalen Nebensatz mit „als" oder „bevor".

    _____

    _____

    _____

4. In Zukunft können Kinder ihre Legosteine mit einem Computerprogramm verbinden, das am Massachusetts Institute of Technology entwickelt worden ist. – Temporaler Nebensatz mit „wenn" bitte.

    _____

    _____

    _____

5. Die Firma Lego hat sich für die Produktion des „denkenden Legosteins", so die Werbung, entschieden. Viele Kinder spielen mittlerweile lieber mit dem Computer als mit Plastiksteinen. – Kausaler Nebensatz.

    _____

    _____

    _____

6. Der Lego-Chef Kristiansen will mit dem neuen System die Umsatzverluste der letzten Jahre ausgleichen. Dann wird die Computerisierung des Legosteins sicher weitergehen. – Konditionaler Nebensatz mit „wenn" oder „falls".

    _____

    _____

7. Das neue Legosystem wird Licht- und Berührungssensoren, Motoren, Getriebe, eine CD-ROM und mehr als 700 Legobauteile enthalten. Damit können die Kinder z. B. Roboter und Alarmanlagen bauen. – Konsekutiver Nebensatz mit „so dass".

    _____

    _____

8. Manche Lego-Nostalgiker lehnen die Computerisierung der Steinchen ab. Aber sie gestehen ein, dass sich mit der Welt auch die Anforderungen an ihr Lieblingsspielzeug ändert. – Am besten ein konzessiver Nebensatz mit „obwohl".

_____

_____

9. Die Akzeptanz und der Erfolg der neuen Steine hängen nicht zuletzt vom Preis ab. Wie wär's mit einem modalen Nebensatz mit „je ... desto ..."?

_____

_____

10. Lego will natürlich einen schnellen Erfolg und wird das neue Produkt wohl zu günstigen Preisen anbieten. – Finalsatz mit „um zu".

_____

_____

11. Die Journalisten auf der internationalen Lego-Pressekonferenz in London fragten sich die ganze Zeit: „Ist das das, was Kinder brauchen?" – Die Frage bitte als Nebensatz.

_____

_____

Korrektur: Für jeden richtigen Satz 2 Punkte
      maximal 22 Punkte
      mindestens 14 Punkte

§ 26 Temporale Nebensätze

61 **Das Jahrtausendproblem – Kreuzen Sie an. Die richtigen angekreuzten Buchstaben ergeben von oben nach unten gelesen ein Lösungswort.**

1. ___ erstmals in den 90er Jahren Computerexperten auf das „Jahr-2000-Problem" hinwiesen, wurden sie von vielen belächelt.
Als (I)   Wenn (B)

2. ___ sie immer und immer wieder vor den riesigen Schäden warnten, glaubten viele Unternehmer noch nicht an eine wirkliche Gefahr.
Als (N)   Wenn (U)

3. Erst ___ es zu spät war, um alle großen Computersysteme noch auf das Problem des 1.1.2000 vorzubereiten, wurde das Problem ernst genommen.
wenn (T)   als (G)

4. ___ z. B. auf dem Weltwirtschaftsforum 1998 in Davos der kanadische Experte Peter de Jager über das Thema referierte, wurde man hellhörig.
Als (E)   Wenn (K)

5. ___ beim Jahreswechsel 1996/1997 aufgrund von Computerstörungen in einer neuseeländischen Aluminiumfabrik ein Millionenschaden entstand, ahnten Experten schon die Ausmaße der möglichen Katastrophe am 1.1.2000.
Wenn (M)   Als (N)

6. ___ der Kalender auf 1997 umsprang, wurden außerdem die Großcomputer der Börse in Brüssel und der staatlichen US-Lotterie lahmgelegt.
Als (I)   Wenn (J)

7. ___ nicht ganz schnell mit den Vorbereitungen auf die „Zeitenwende" begonnen wird, muss man schlimme technische Pannen befürchten.
Wenn (E)   Als (R)

8. ___ der Experte in Davos sprach, hatten gerade erst zehn bis 15 % der europäischen Unternehmen Maßnahmen gegen mögliche Datenunfälle ergriffen.
Als (U)   Wenn (Ä)

9. ___ eintritt, was Fachleute für möglich bis wahrscheinlich halten, wird die Flugsicherheit nicht mehr gegeben sein und auch Patienten an computergesteuerten medizinischen Geräten werden in Lebensgefahr geraten.
Als (S)   Wenn (R)

Lösung: _____

Korrektur: Für jede richtige Lösung 1 Punkt

62   Minen töten – Verbinden Sie die Sätze mit *während*, schreiben Sie also einen temporalen oder einen adversativen Nebensatz!

1. Die Herstellung einer Anti-Personen-Mine kostet ungefähr 2 Euro, ihre Räumung über 200 Euro.

_____

_____

2. Der militärische „Nutzen" von Minen ist gering, die humanitären
    Folgen (Verletzungen, Verstümmelungen und Tod) sind weitaus
    größer.

    _____

    _____

3. In Ottawa und in Oslo wurde über das Verbot von Anti-Personen-Mi-
    nen verhandelt; alle 20 Minuten explodiert irgendwo auf der Erde ei-
    ne Mine.

    _____

    _____

4. 8 % der Minenopfer werden beim Spiel mit Minen verletzt bzw. getö-
    tet.

    _____

    _____

5. Die kontroversen internationalen Vertragsverhandlungen dauern an;
    mehr als 26.000 Menschen werden jährlich durch Minen verletzt,
    verstümmelt oder getötet. (Jedes dritte Todesopfer ist ein Kind!)

    _____

    _____

    _____

6. Die internationale Waffenlobby widersetzt sich einem allgemeinen
    Minenverbot; die „Internationale Kampagne zum Bann der Landmi-
    nen" erhielt den Friedensnobelpreis.

    _____

    _____

7. Es wurden bislang jährlich nur etwa 100.000 Minen beseitigt; allein
    in Angola liegen noch 10–20 Millionen Anti-Personen-Minen im Bo-
    den.

    _____

    _____

Korrektur: Für jeden richtigen Satz 2 Punkte

63 **Sechs Richtige – Kreuzen Sie an. Die richtigen Buchstaben ergeben von oben nach unten gelesen ein Lösungswort.**

1. ___ er im Lotto gewann, war unser Nachbar ein „armer Schlucker".
    Sobald (U)   Nachdem (S)   Bevor (H)

2. ___ er dann im vorletzten Jahr das „große Los" gezogen hatte, benahm er sich wie „Graf Koks".
    Nachdem (O)   Bevor (S)   Sobald (O)

3. Der war schon beim Porsche-Händler, ___ die Lottogesellschaft den Gewinn offiziell bestätigen konnte.
    bevor (B)   nachdem (F)   sobald (P)

4. ___ er die Zahlen in seinem uralten Fernsehapparat sah, sagte er allen, aber auch allen Nachbarn Bescheid.
    Sobald (B)   bevor (Z)   nachdem (U)

5. ___ man mit solch einer Nachricht zu den Nachbarn geht, sollte man sich gut überlegen, ob es nicht besser wäre, sie erst einmal für sich zu behalten.
    Nachdem (W)   Bevor (Y)   Sobald (A)

6. ___ dann die Sensation bekanntgeworden war, wurde in der Nachbarschaft drei, vier Tage gefeiert.
    Bevor (T)   Nachdem (K)   Sobald (K)

7. Der diskrete Herr von der Lottogesellschaft kam montags, ___ er sich telefonisch angemeldet hatte, zu unserem Nachbarn.
    nachdem (E)   bevor (S)   sobald (Ü)

8. ___ der Scheck auf dem Tisch lag, holte unser Lottogewinner die Cognacflasche aus der Schrankwand.
    Sobald (L)   Nachdem (V)   Bevor (F)

9. Der Herr vom Lotto meinte dann aber: „___ wir nicht ein bisschen über Möglichkeiten der Geldanlage gesprochen haben, sollten Sie nichts trinken."
    Bevor (L)   Sobald (P)   Nachdem (W)

10. ___ der freundliche Lotto-Berater dann gegangen war, wurde weiter gefeiert.
    Sobald (E)   Nachdem (E)   Bevor (K)

11. Unser Nachbar wurde wieder vernünftig, ___ ihm seine Kinder eines Nachmittags erklärten, wie lächerlich und wie leichtsinnig er sich verhalte.
    bevor (S)   sobald (R)   nachdem (M)

Lösung: _____

Korrektur: Für jede richtige Lösung 1 Punkt

Für den ganzen Test: maximal 24 Punkte
**   mindestens 16 Punkte**

§ 27   Kausale Nebensätze

64   **Finden Sie den passenden Nebensatz und ergänzen Sie ihn! Die Buchstaben hinter den richtigen Nebensätzen ergeben von oben nach unten ein Lösungswort.**

1.   Die Abteilungsleiterin duldet keine Handys in ihrer Nähe, ___
2.   Meine Großtante war wahrscheinlich immer so gesund, ___
3.   Der Bankier findet Taschenbücher gut, ___
4.   Der Teenager geht noch einmal in den Film, ___
5.   Im Urlaub fährt der Pfarrer immer ans Meer, ___
6.   Enkel und Großeltern telefonieren immer mehr, ___
7.   Die Firma musste die Fertigung einstellen, ___
8.   Die Ingenieurin war sehr erleichtert, ___
9.   Hinter den Kulissen kaut der Fernsehstar Fingernägel, ___
10. Der Schornsteinfeger ist gelangweilt, ___

weil sie preiswert sind und das Format von Sparbüchern haben. (B)
weil die internationalen Anrufe nicht mehr so teuer sind. (P)
weil er so schrecklich unausgeglichen ist. (I)
weil die Produktionskosten so sehr gestiegen sind. (R)
weil er die letzte Szene so unglaublich romantisch findet. (E)
weil seine Wohngemeinschaft dort ein Haus hat. (L)
weil sie sich vor Elektrosmog fürchtet. (N)
weil der Schaden an der Brücke doch reparabel war. (E)
weil alle von Glück reden, wenn er kommt. (S)
weil sie nie geraucht und sich immer gut ernährt hat. (O)

Lösung: _____

Korrektur: Für jede richtige Zuordnung 1 Punkt

65   **Berufsspezifisches – Ergänzen Sie die Sätze!**

1.   Die Stewardess muss lächeln, weil

_____

2.   Der Telefonseelsorger ist frustriert, weil

_____

3.   Der Bestatter freut sich (klammheimlich), weil

_____

4.   Der Anwalt klagt, weil

_____

5.   Der Vollzugsbeamte schließt auch die Türen des Kinderzimmers doppelt ab, weil

_____

6.   Die Telefonistin verzweifelt, weil

_____

7.   Der Schönheitschirurg lächelt nur ganz vorsichtig, weil

_____

8.   Der (banale) Clown lacht, weil

_____

9.   Sein (intellektueller) Kollege weint, weil

_____

10.   Der Kanalarbeiter riecht streng, weil

_____

11.   Der Tontechniker hat eine Gänsehaut, weil

_____

12.   Das Model zieht sich andauernd um, weil

_____

13.   Der Casinobesitzer grinst, weil

_____

Korrektur: Für jeden richtigen Satz 1 Punkt

Für den ganzen Test: maximal 23 Punkte
**   mindestens 15 Punkte**

§ 28   Konditionale Nebensätze

66   **Verbinden Sie die beiden Sätze so, dass ein konditionaler Nebensatz entsteht.**

   1.   Mein Kollege besteht die Prüfung nicht. Er wiederholt die Prüfung.

        _____

        _____

   2.   Die Reise geht ans Meer. Ich werde ganz viel Fisch essen.

        _____

        _____

   3.   Das Formular wird zurückgeschickt. Der Antragsteller hat die Unterschrift vergessen.

        _____

        _____

   4.   Der Ingenieur bringt die Unterlagen persönlich. Das Faxgerät ist defekt.

        _____

        _____

   5.   Wir trinken noch mehr Kaffee. Wir werden nicht gut schlafen.

        _____

        _____

   6.   Der Zehnkämpfer hat eine gute Chance zu gewinnen. Er trainiert mehr als sonst.

        _____

        _____

   7.   Die Chefin zieht nach Heidelberg. Sie wird versetzt.

        _____

        _____

8. Der Erpresser schafft die Flucht nach Übersee. Er fühlt sich in Sicherheit.

    _____

    _____

9. Die beiden Mädchen putzen immer die Zähne. Die Zähne bleiben weiß und gesund.

    _____

    _____

10. 80 Millionen Deutsche wollen mitreformieren. Die Reform verzögert sich noch etwas.

    _____

    _____

Korrektur: Für jeden richtigen Satz 2 Punkte

67   Betonen Sie den Bedingungssatz, indem Sie die Konstruktion mit *wenn* oder *falls* wählen.

1. Fahre ich mit dem Auto zu schnell, muss ich damit rechnen, von der Polizei angehalten zu werden.

    _____

    _____

2. Beschimpfe ich meine Nachbarn, kann es passieren, dass sie mich anzeigen.

    _____

    _____

3. Trinkt man während der Arbeitszeit, kann man den Arbeitsplatz verlieren.

    _____

    _____

4. Spielt mein Sohn nachts um drei Schlagzeug, ist es wahrscheinlich, dass mein Mann die Nerven verliert.

    _____

    _____

5. Werfe ich meine alten Batterien in den Mülleimer von Nachbarn, be-
    komme ich sicher Schwierigkeiten.

    _____

    _____

6. Speichere ich meine Texte nicht jeden Tag, darf ich mich über den
    Verlust von Daten nicht wundern.

    _____

    _____

7. Arbeite ich zwei, drei Stunden im Garten, geht es mir besser.

    _____

    _____

8. Arbeite ich einen ganzen Tag im Garten, finde ich das übertrieben.

    _____

    _____

9. Schicke ich ein wichtiges Fax, frage ich nachher telefonisch, ob es
    angekommen ist.

    _____

    _____

10. Ist man reich, isst man meistens teuer, aber nicht immer gesund.

    _____

    _____

Korrektur: Pro richtigem Satz 2 Punkte

für den ganzen Test: maximal 40 Punkte
mindestens 26 Punkte

§ 29 Konsekutive Nebensätze

68 **Dritte Welt, Vierte Welt – Verbinden Sie die Sätze mit *so dass /so ...,* *dass ...***

1. Die Lage der ärmsten Länder der sogenannten Dritten Welt ist verzweifelt. Internationale Organisationen artikulieren nur noch ihre Hoffnungslosigkeit.

   _____

   _____

   _____

2. In einigen der ärmsten Länder der Welt verringert sich das Bruttosozialprodukt je Einwohner ständig. Von einer wirtschaftlichen Entwicklung kann kaum die Rede sein.

   _____

   _____

   _____

3. Die ärmsten Länder haben den niedrigsten Bonitätsindex, der ihre Kreditwürdigkeit widerspiegelt. Sie kommen im Normalfall nicht einmal mehr für Kredite in Frage.

   _____

   _____

   _____

4. Die sogenannten Entwicklungsländer sind keine einheitliche Staatengruppe. Man differenziert sie besser und spricht etwa von „Ländern mit niedrigem (bzw. mittlerem oder hohem) Einkommen" und von „Schwellenländern".

   _____

   _____

   _____

5. Einige der ärmsten Länder zeichnen sich durch eine völlige politische Instabilität aus. Ausländische Investoren scheuen jedes Engagement.

   _____

   _____

6. Die Nahrungsmittelproduktion vieler armer Länder ist in den Jahren
    von 1979 bis 1993 gesunken. Die Abhängigkeit von anderen Län-
    dern erhöhte sich weiter.

    _____

    _____

    _____

7. In den meisten armen Ländern nimmt die Bevölkerungszahl zu. Die
    Pro-Kopf-Produktion an Lebensmitteln wird immer geringer.

    _____

    _____

    _____

8. Die Preise für Rohstoffe gelten als niedrig. Die rohstoffreichen Ent-
    wicklungsländer können sich nicht auf den Export ihrer Rohstoffe
    beschränken.

    _____

    _____

    _____

9. Die Rohstoffstaaten mit großer Bevölkerung haben einen großen
    Binnenmarkt. Hier lohnt sich der Ausbau von Industrien zur Eigen-
    versorgung.

    _____

    _____

    _____

Korrektur: Für jeden richtigen Satz 2 Punkte
           maximal 18 Punkte
           mindestens 12 Punkte

§ 30 Konzessive Nebensätze

69   Verbinden Sie die Sätze bitte mit *obwohl / obschon.*

1.   Ärzte unterliegen der Schweigepflicht. Dr. Lieber plauderte ständig
      über die Infektionskrankheiten von gemeinsamen Bekannten.

      _____

      _____

      _____

2.   Die Sektenanführerin predigte Bescheidenheit und Genügsamkeit.
      Sie selbst verfügt über einen immensen Immobilienbesitz in Übersee.

      _____

      _____

      _____

3.   Der Versicherungsvertreter schilderte seinen Kunden Tag für Tag die
      Risiken eines Lebens ohne Versicherung. Er fuhr seit Monaten mit ei-
      nem unversicherten PKW.

      _____

      _____

      _____

4.   Der Bankangestellte wusste genau, dass man sich bei einem bewaff-
      neten Raubüberfall besser nicht wehrt. Er leistete dem Ganoven Ge-
      genwehr und wurde durch mehrere Schüsse schwer verletzt.

      _____

      _____

      _____

5.   Der Küchenchef hat eine Berufserfahrung von mehr als 30 Jahren.
      Kürzlich kam es in seiner Küche infolge von Unsauberkeit zu einer
      Lebensmittelvergiftung.

      _____

      _____

      _____

6. Der Raubtierdompteur führt seine Tiere zweimal täglich vor. Er ist
    ein notorischer Alkoholiker.

    _____

    _____

    _____

7. Der Oberstudienrat ist noch am Gymnasium tätig. Wegen seines sa-
    distischen Verhaltens musste er bereits mehrere Disziplinarverfahren
    durchstehen.

    _____

    _____

    _____

8. Der Bäcker ist längst mehrfacher Millionär. Ein Brötchen kostet nur
    20 Pfennig.

    _____

    _____

    _____

9. Die Sachbearbeiterin wird nicht befördert. Sie ist viel qualifizierter
    als ihre Vorgesetzten.

    _____

    _____

    _____

10. Der Bademeister galt als kompetent und verantwortungsbewusst. Er
    konnte, wie sich jetzt herausstellte, überhaupt nicht schwimmen.

    _____

    _____

    _____

Korrektur: Für jeden richtigen Satz 2 Punkte

70 **Formen Sie um – *obwohl*-Nebensätze in *trotzdem*-Hauptsätze und umgekehrt.**

1. Die Brille ist nur leicht beschädigt. Trotzdem will die Verkäuferin
    dem Kunden unbedingt eine neue Brille verkaufen.

    _____

    _____

    _____

2. Unser Freund hat einen PC der allerneuesten Generation gekauft,
    obwohl er nicht einmal weiß, wie man einen Computer einschaltet.

    _____

    _____

    _____

3. Obwohl er fast nur mit der Straßenbahn fährt, will mein Onkel für
    mehr als 20.000 Euro ein neues Auto kaufen.

    _____

    _____

    _____

4. Meine Freundinnen klagen immer darüber, dass sie nicht zum Lesen
    kommen. Trotzdem abonnieren sie alle möglichen Modezeitschrif-
    ten.

    _____

    _____

    _____

5. Meine Schwägerin redet ununterbrochen von den Vorteilen der ve-
    getarischen Küche. Trotzdem sehe ich sie jede Woche in der Metzge-
    rei Fleisch kaufen, Schweinefleisch!

    _____

    _____

    _____

6. Manche Kreditinstitute vergeben Darlehen an hoch verschuldete
    Kunden, obwohl sie deren Notsituation genau kennen.

    _____

7. Viele technische Geräte verfügen über immer mehr Bedienungsfunktionen, obwohl die meisten Menschen lieber möglichst einfache Geräte haben.

8. Geschäftsleute würden oft lieber eine einfache Hühnersuppe essen. Trotzdem nehmen sie die Einladung zum Geschäftsessen im teuersten Restaurant der Stadt natürlich immer wieder gern an.

9. Obwohl sie angeblich den Konsumrausch zu Weihnachten grässlich finden, sind die meisten Menschen beleidigt, wenn sie gar nichts geschenkt bekommen.

10. Soziale Probleme verschärfen sich und von Neuer Armut ist die Rede. Trotzdem wird immer mehr konsumiert, trotzdem gibt es immer mehr Luxus.

Korrektur: Für jeden richtigen Satz 2 Punkte

Für den ganzen Test: maximal 40 Punkte
mindestens 26 Punkte

§ 31 Modale Nebensätze

71 **Hochzeitswein – Ergänzen Sie bitte** *wie, so ... wie , indem, je ... desto ..., als*

So fing es an: (1) Es kamen viel mehr Leute zu unserem Fest, _____ wir ge-

dacht hatten. (2) Wenn zu einer Party ungefähr _____ viele Personen

kommen, _____ man eingeladen hat, dann ist alles einfach zu kalkulieren.

(3) _____ mehr Kinder mitkommen, _____ mehr alkoholfreie Getränke

besorgt man, das ist ganz klar. (4) _____ mehr Männer, _____ mehr Bier,

so hieß es früher, und _____ mehr Frauen, _____ mehr Wein. (5) Wir gin-

gen auf Nummer sicher, _____ wir sehr großzügig einkauften: (6) Etwas

mehr Wein _____ beim letzten Fest, viel mehr Bier _____ auf der peinli-

chen Geburtstagsparty unseres Nachbarn, alles andere _____ viel _____

früher. (7) Dann war es aber an dem Abend viel wärmer _____ sonst und

die vielen Gäste tranken mehr und schneller _____ erwartet. (8) Wir frag-

ten uns gerade, _____ wir mehr zu trinken besorgen könnten. (9) Da

kommt unser Freund von der Mosel und rettet uns und das Fest, _____ er

uns als Geschenk zwei Kisten Wein mitbringt. (10) „Jesus!", rief unser

Nachbar, der Theologie-Student, „der Wein ist ja viel besser _____ der, den

ihr vorher hattet!"

Korrektur: Für jede richtig ausgefüllte Lücke 1 Punkt
maximal 10 Punkte
mindestens 6 Punkte

§ 32 Finalsätze

2 **Nichtraucher-Paranoia – Verbinden Sie die Sätze dem Beispiel entsprechend und bilden Sie Sätze mit *damit* oder mit *um ... zu*.**

Der Arzt versteckte seine Zigaretten. Der Patient sollte nichts merken.
Damit der Patient nichts merkte, versteckte der Arzt seine Zigaretten (und lutschte andauernd Pfefferminzbonbons).

1. Der Patient rauchte schon seit Jahren nicht mehr. Er wollte den Heilungsprozess unterstützen.

   _____

   _____

   _____

2. Jetzt war er noch einmal in der Lungenklinik. Er sollte sich einer Routineuntersuchung unterziehen.

   _____

   _____

   _____

3. Der Patient sprach ununterbrochen vom Rauchen und vom Nichtrauchen. Er wollte auch seine Ärzte vom Rauchen abbringen.

   _____

   _____

   _____

4. Eine Ärztin behauptete einfach, sie rauche nicht (was nicht stimmte). Der Patient sollte aufhören, ihr auf die Nerven zu gehen.

   _____

   _____

   _____

5. Ein anderer Patient, der noch nie geraucht hatte, flüchtete vor dem fanatischen Nichtraucher. Er wollte dessen endlose Reden nicht mehr hören.

   _____

   _____

   _____

6. Die Ärzte brachten ihrem Patienten Videos. Er sollte sich entspannen und nicht mehr nur an Zigaretten und Lungenkrebs denken.

_____

_____

_____

7. Wenig später revanchierte sich der Patient mit einem Videofilm über Amputationen. Er wollte allen die grausamen Konsequenzen des Rauchens zeigen.

_____

_____

_____

8. Der Patient wechselte daraufhin das Krankenhaus. Er wollte möglichst viele Raucher (ob sie wollten oder nicht) vom Rauchen abbringen.

_____

_____

_____

Korrektur: Für jeden richtigen Satz 2 Punkte
maximal 16 Punkte
mindestens 10 Punkte

§ 33 Sinngerichtete Infinitivkonstruktionen mit „um ... zu", „ohne ... zu", „anstatt ... zu"

73 **Angeklagt – Ergänzen Sie!**

1. Der Angeklagte log und log und log, ___ die Wahrheit ___ sagen.
   anstatt ... zu (S)   ohne ... zu (Ä)

2. ___ ___ zögern, sagte er „Nein!", als der Richter fragte, ob er den Arbeitskollegen erpresst habe.
   Um zu (T)   Ohne zu (C)

3. Der Richter fragte mehrmals, ___ ihm immer wieder eine Chance ___ geben.
   um ... zu (H)   anstatt... zu (E)

4. Aber ___ die Tat ___ gestehen, leugnete der Angeklagte sie.
    anstatt ... zu (L)   ohne ... zu (M)

5. Der Richter setzte die Befragung fort, ___ dem Angeklagten ___ glauben.
    ohne ... zu (A)   um ... zu (B)

6. ___ ihn schließlich ___ überführen, präsentierte der Richter eine Video-Aufzeichnung.
    Anstatt ... zu (H)   Um ... zu (G)

7. Endlich gestand der Angeklagte und er erklärte, dass er den Kollegen erpresst habe, ___ seine Schulden ___ bezahlen.
    um ... zu (E)   ohne ... zu (I)

8. ___ dem Kollegen im Gerichtssaal in die Augen ___ sehen, meinte er: „Der war immer faul und verdiente mehr als ich. Das war doch auch ungerecht!"
    Um ... zu (S)   Ohne ... zu (R)

    Lösung: _____

Korrektur: Für jeden richtig ergänzten Satz 1 Punkt
maximal 8 Punkte
mindestens 5 Punkte

§ 34 Fragesätze als Nebensätze

74 **Alleswisser, Besserwisser – Kreuzen Sie an. Die richtigen angekreuzten Buchstaben ergeben von oben nach unten gelesen ein Lösungswort.**

1. Wissen Sie vielleicht rein zufällig, ___ auf antiken griechischen Vasen die olympischen Läufer immer nackt abgebildet sind?
    wie (P)   warum (S)   ob (Z)

    Ja, natürlich weiß ich das: Weil bei den XV. Olympischen Spielen im Jahr 720 v. Chr. der Läufer Orsippos von Megaron während des Laufs seinen Lendenschurz verlor – und gewann!

2. Wissen Sie vielleicht rein zufällig, ___ und ___ das Lotto erfunden wurde?
    wann ... wo (A)   wie ... wo (J)

    Ja, natürlich weiß ich das: 1476 in Genua.

3. Wissen Sie vielleicht, ___ Kalorien mittelalterliche Mönche am Tag zu sich nahmen?

wie viele (U)   ob (F)   welche (K)

Ja, klar, das weiß doch jeder: ungefähr 7.375 (unter anderem 4,5 Liter Bier).

4. Wissen Sie auch, ___ das erste Kaffeehaus Europas stand?
    wohin (M)   wo (E)   wie (Ä)

Ja, das weiß ich: in Venedig, 1647 eröffnet.

5. Wissen Sie, ___ Sprache das Wort „Tohuwabohu" stammt?
    aus welcher (R)   von welche (S)   welcher (T)

Ja: aus dem Hebräischen.

6. Wissen Sie, ___ die härteste Substanz im menschlichen Körper ist?
    welcher (Q)   was (L)   welche (L)

Ja, das weiß ich auch: der Zahnschmelz.

7. Wissen Sie, ___ Vogel rückwärts fliegen kann.
    welch (L)   welche (M)   welcher (A)

Ja, das weiß ich: der Kolibri. Mit 80 Flügelschlägen pro Sekunde – und 1.000 Herzschlägen pro Minute.

8. Wissen Sie eigentlich, ___ Eintagsfliegen fressen?
    was (N)   wie (O)   womit (T)

Ja: gar nichts.

9. Können Sie sagen, ___ der sieben Weltwunder der Antike nur 50 Jahre Bestand hatte?
    welch (Ü)   welches (D)   welche (U)

Ja, weiß ich: der Koloss von Rhodos; wurde bei einem Erdbeben um 250 v. Chr. zerstört.

10. Wissen Sie eigentlich alles?
    Nein, aber ich habe ein gutes Lexikon.

    Lösung: _____

Korrektur: Für jeden richtig ergänzten Satz 1 Punkt
maximal 9 Punkte
mindestens 6 Punkte

§ 35 Relativsätze

75 „Lehrer sind Menschen, die uns helfen, Probleme zu beseitigen, die wir ohne sie nicht hätten"
Welcher der beiden Relativsätze in diesem Schüler-Graffito ist notwendig – im grammatischen Sinn notwendig – und welcher nicht?

76 Titanic – Bilden Sie Relativsätze!

1. Die „Titanic" ist in der Nacht vom 14. auf den 15. April 1912 im Nordatlantik gesunken. Die „Titanic" hatte als unsinkbar gegolten.

   _____

   _____

   _____

2. Kapitän Edward J. Smith ließ sein Schiff bewusst durch ein Feld von Eisbergen fahren. Seine Reederei wollte ihn mit diesem Kommando besonders ehren.

   _____

   _____

   _____

3. Vom Zusammenprall mit dem Eisberg merkten die meisten der 2.200 Menschen an Bord zunächst nichts. Der Zusammenstoß bedeutete den Untergang des luxuriösesten Schiffes seiner Zeit.

   _____

   _____

   _____

4. Das Schiff kollidierte um 23.40 Uhr mit dem Eisberg. Auf dem Schiff befanden sich außer armen Auswandererfamilien zahlreiche Millionäre und Milliardäre.

   _____

   _____

   _____

   _____

5. Zwei Minuten nach der Kollision war der Kapitän auf der Kommandobrücke. Das zeigt schon, dass er sich des Ernstes der Situation bewusst war.

_____

_____

_____

6. Schon drei Minuten nach Mitternacht kommt der „Titanic"-Konstrukteur Thomas Andrews zu dem Schluss: „Die 'Titanic' wird sinken!" Er hatte mit Kapitän Smith einen Kontrollgang unternommen.

_____

_____

_____

7. Eine von vielen Fragen ist die, warum der Kapitän erst so spät (um 0.14 Uhr nämlich) SOS funken ließ. Die Fragen kann bis heute niemand zufriedenstellend beantworten.

_____

_____

_____

8. Andere Schiffe hätten bei einem früheren SOS-Signal vielleicht eher an der Unglücksstelle eintreffen können. Es waren Schiffe (die „Californian" und die „Carpathia") in der Nähe und sie nahmen 700 Schiffbrüchige der „Titanic" auf.

_____

_____

_____

9. Die Rettungsboote der „Titanic" waren nur zur Hälfte besetzt, als man sie zu Wasser ließ. Von ihnen gab es 20.

_____

_____

_____

10. Von den 20 Booten erreichten nur 18 die Wasseroberfläche. Sie hatten jeweils 65 Plätze.

_____

_____

_____

11. Der reichste Mann Amerikas, John Jacob Astor, wird vom Zweiten
    Offizier zurückgewiesen: „No, Sir! Keine Männer, solange noch Frau-
    en da sind." Astor will zusammen mit seiner schwangeren Frau ins
    Rettungsboot.

    _____

    _____

    _____

    _____

12. Eine andere Geschichte besagt, Benjamin Guggenheim habe sich mit
    Champagne in seiner Suite zurückgezogen, um den Tod zu erwarten.
    Die Geschichte ist allerdings nur eine überlieferte Anekdote.

    _____

    _____

    _____

13. An Bord der „Titanic" waren 105 Kinder. Von ihnen wurden 52 ge-
    rettet.

    _____

    _____

    _____

14. Um 2.20 Uhr sinkt die „Titanic". Sie war ein Zeugnis technischen
    Fortschritts und ihr Untergang steht bis heute symbolisch für die
    Selbstüberschätzung des Menschen.

    _____

    _____

    _____

15. Kapitän Smith ist beim Untergang seines Schiffes umgekommen. Sei-
    ne letzten Worte sollen gewesen sein: „Every man for himself!"

    _____

    _____

    _____

16. Der Untergang der „Titanic" ist mittlerweile hervorragend erforscht und dokumentiert. Über ihn informieren auch Ausstellungen und nicht zuletzt 3.000 erschienene Bücher.

_____

_____

_____

17. Der „Titanic"-Film aus dem Jahr 1997 hat 400 Millionen Dollar gekostet. Gedreht hat ihn James Cameron.

_____

_____

_____

18. „Titanic"-Experten erforschen so bizarre Fragen wie diese: „Waren die Drinks in der Bar kurz vor dem Untergang umsonst?" Es gibt diese Experten auf der ganzen Welt.

_____

_____

_____

Korrektur: Für jeden richtig ergänzten Satz 1 Punkt
maximal 18 Punkte
mindestens 12 Punkte

§ 36 Demonstrativpronomen

77 **Zeigefinger-Pronomen – Ergänzen Sie die passende Form von**
dieser, -e, -es.

1. Ted und Liz stehen vor der Fassade eines berühmten Hauses in Frankfurt am Main. Liz: „In ___ Haus wurde Goethe geboren."
   dieser (Ü)   diesem (U)   diesen (I)

2. Robert zeigt Herbert ein Foto: „Mit ___ Maschine bin ich damals nach Indien geflogen."
   dieser (N)   diese (P)   dies (T)

3. Der Sozialarbeiter zeigt auf ein Poster in seinem Büro: „ ___ allein stehende Mann will ___ Zwillinge adoptieren."
   Dies/diese (B)   Dieser/diese (G)   Dieser/diesen (M)

4. Ein Computerverkäufer zu einer Kundin: „Sehen Sie sich ___ Rechner an: noch schneller, noch besser, noch billiger."
   diesen (E)   diesem (B)   dieser (F)

5. Die Buchhändlerin zu einem Kunden: „ ___ beiden Romane und auch ___ Kinderlexikon werden Sie begeistern."
   Diese/dieses (H)   Diesen/diese (L)   Diese/dieser (C)

6. Die Versicherungsvertreterin zeigt auf eine Tabelle: „ ___ Lebensversicherung ist nur interessant, wenn Sie bald sterben. Ich empfehle Ihnen aber ___ hier links in der Tabelle."
   Diesem/diese (E)   Diese/diese (O)   Dieser/dieser (L)

7. Die fürchterliche Nachbarin zeigt mit dem Finger auf die entgegenkommende Familie und sagt ziemlich laut: „Die Kinder ___ Frau sind nicht die Kinder ___ Mannes. Ein Skandal!"
   dieser/dieses (R)   diese/diesem (J)   diese/dieses (D)

8. Ein Vater in einer Videothek: „ ___ Video können Sie doch nicht an Kinder ausleihen. Nur Gewalt, nur Brutalität!"
   Diesem (K)   Diesen (S)   Dieses (S)

9. Verkäuferin im Reisebüro: „ ___ Pension kann ich Ihnen empfehlen; da auf dem Foto rechts ist auch das Schwimmbad."
   Diesen (Ä)   Dieser (K)   Diese (A)

10. Der Tropenarzt: „Wer an ___ Malariaart erkrankt ist, hat Glück im Unglück."
    diesem (N)   dieser (M)   diesen (L)

Lösung: _____

Korrektur: Für richtige Lösung 1 Punkt
maximal 10 Punkte
mindestens 6 Punkte

§ 37 Indefinite Pronomen

78 **Monolog eines Stadtneurotikers – Ergänzen Sie bitte! Die richtigen Buchstaben ergeben von oben nach unten gelesen ein Lösungswort.**

1. Manchmal kommt man um zwei Minuten nach acht ins Kino und es wird ___ die Tür vor der Nase zugeschlagen.
   einem (R)   man (O)   einen (I)

2. Da möchte ___ doch verzweifeln.
   man (Ö)   einen (F)   einem (D)

3. Aber das hilft ___ nicht.
    man (H)   einer (M)   einem (N)

4. Es kann ___ vielleicht trösten, dass der Film ___ vielleicht sowieso
    nicht gefallen hätte.
    einen/einem (T)   einem/einen (A)   einen/man (F)

5. Aber sicher kann ___ da natürlich nicht sein.
    einen (W)   ein (P)   man (G)

6. So verliert ___ schon mal die Lust am Kulturgeschehen, von dem ___
    immer so viel erzählt wird.
    man/man (Ä)   man/einem (E)   einer/man (A)

7. Dann geht ___ eben nach Hause und fragt sich, warum ___ die Welt
    manchmal so unfreundlich erscheint.
    man/einem (N)   eine/man (M)   einen/einem (Y)

    Lösung: _____

Korrektur: Für jede richtige Lösung 1 Punkt

**79 In letzter Minute – Ergänzen Sie Formen im Plural! Die richtigen Buchsta-
ben ergeben von oben nach unten gelesen ein Lösungswort.**

1. Ich habe keinen Last-minute-Flug nach New York entdeckt. Hast du
    ___ gefunden?
    solchen (P)   welche (B)   – (S)

2. Jedes Ticket ist nur für einen bestimmten Flug gültig. ___ Flugschei-
    ne müssen vor der Reise bezahlt werden.
    Alle (E)   Allen (O)   Alles (K)

3. Jedem Last-minute-Kunden wird ein sehr hoher Rabatt gewährt. ___
    Kunden ist es erlaubt, den Reisepreis per Scheck oder Kreditkarte zu
    bezahlen.
    Alle (T)   Allem (I)   Allen (R)

4. Jedes Kind unter zwei Jahren bezahlt nur 10 % des Flugpreises. ___
    Kinder unter zwei Jahren haben kein Recht auf einen Sitzplatz.
    Alle (L)   Alles (N)   Allen (C)

5. Mancher Last-minute-Passagier spart im Vergleich zum normalen
    Flugpreis über 50 %. ___ verreisen nur wegen der günstigen Flugprei-
    se.
    Manchen (H)   Manche (I)   Mancher (V)

6. Die Last-minute-Firmen wollen noch mehr anbieten, ___ Flugziele,
    ___ Kurzreisen, ___ Fernreisen.

mehr/mehr/mehr (N)   mehrere/mehrere/mehrere (B)

Lösung: _____

Korrektur: Für jede richtige Lösung 1 Punkt

80   **Tourismus – Ergänzen Sie die richtige Form!**

1.   Viele Leute leisten sich heute ein Einkaufswochenende auf einem
     anderen Kontinent. Vor Jahren konnten sich das nur ___ Leute leis-
     ten (und auch nur vorstellen).
     wenige (S)   wenig (D)   wenigere (D)

2.   Die Touristen von heute verstehen oft nur wenig von fremden Kul-
     turen, auch wenn sie ___ erleben.
     vieler (T)   viel (P)   viele (A)

3.   ___ Touristen möchten im Urlaub alles wie zu Hause haben.
     Manch (B)   Mancher (Y)   Manche (A)

4.   Wenn der Tagesrhythmus dann ganz ___ ist als sonst, sind sie irri-
     tiert.
     anderer (M)   anders (R)   anderen (Ö)

5.   Die sogenannten alternativen Touristen reisen meistens mit ___
     Geld.
     wenig (K)   weniges (A)   wenigem (D)

6.   Oft zeigt sich, dass die alternativen Touristen gar nicht so ___ als die
     normalen Reisenden sind.
     andere (T)   anders (A)   ander (P)

7.   In Zukunft bleiben vielleicht wieder ___ Leute zu Hause und machen
     nur noch virtuell Urlaub.
     mehr (S)   mehrere (M)   mehreren (A)

8.   Für ___ wäre diese Urlaubsform bestimmt die beste.
     manch (D)   manche (S)   manches (L)

9.   ___ in der Familie könnte sich das passende Computer-Urlaubspro-
     gramm aussuchen.
     Jeder (E)   Jeden (F)   Jedes (P)

Lösung: _____

Korrektur: Für jede richtige Lösung 1 Punkt

Für den ganzen Test: maximal 22 Punkte
                        mindestens 14 Punkte

§ 38 Zahlwörter

81   **Schreiben Sie die Zahlen in Buchstaben!**

Das teuerste deutsche Bild heißt „Meer und Abendwolken" und stammt
von Emil Nolde (1867–1956). Es wurde für 1.322.020 US-Dollar versteigert.
Nolde ist die Nummer 1 unter den Top Ten, gefolgt von dem 1932 gebore-
nen Gerhard Richter. 1995 wurden auf Auktionen Nolde-Bilder für 7,5 Millionen Dollar und Richter-Werke im Wert von 4,5 Millionen Dollar versteigert. Es folgten Max Liebermann (3 Mio.), Ernst Ludwig Kirchner (2,7
Mio.) und Georg Baselitz (2,4 Mio.).

1867 _____

1956 _____

1.322.020 _____

1 _____

1932 _____

1995 _____

7,5 _____

4,5 _____

3 _____

2,7 _____

2,4 _____

82   **Schreiben Sie die Zahlen in Ziffern!**

In der Liste der größten Unternehmen Europas steht Daimler-Benz an
<zweiter> ___ Stelle (Umsatz: <einhundertsechs Milliarden dreihundert-
dreiunddreißig Millionen> _____ DM) – in der Weltrangli-
ste ergibt dies den <elften> ____Rang. An <vierter> ___ Stelle steht Volks-
wagen mit einem Umsatz von <einhundert Milliarden
einhundertdreiundzwanzig Millionen> _____ DM. Siemens

folgt auf <fünfter> ___ Position (Umsatz <vierundneunzig Milliarden einhun-
dertachtzig Millionen> _____ DM). Weitere umsatzstarke
deutsche Konzerne sind Allianz, Veba, RWE und Deutsche Telekom. Der
größte Arbeitgeber Deutschlands ist Siemens mit <dreihundertneunundsieb-
zigtausend> _____ Arbeitnehmern (<neunzehnhundertneunundfünfzig>
_____ waren es <einhundertelftausend> _____). Deutsche Bahn (<zwei-
hundertachtundachtzigtausendachthundert> _____), Deutsche Post
(<zweihundertvierundachtzigtausendneunhundert> _____) und Deutsche Telekom (<zweihunderteintausend> _____) folgen auf dem <drit-
ten> ___, <vierten>___ und <siebten> ___ Platz.

83   **Schreiben Sie die Zahlen in Buchstaben!**

Im vergangenen Jahr hat sie ihren 100. Geburtstag gefeiert, die kleine Klammer, die in der Bürowelt unentbehrlich ist. Klammern ist zwar ihr Job, aber
nur ein geringer Teil wird seinem „Berufsbild" gerecht, nämlich gerade mal
2.000 von 10.000. Eine österreichische Studie besagt, dass von diesem belieb-
ten Spielzeug im Büro etwa 1.400 beim Telefonieren verbogen werden. 1.600
werden zu Schreibmaschinenreinigern degradiert. 550 dienen als Zahnsto-
cher. 530 hauchen ihr Leben als Pfeifenreiniger aus und 320 werden zu
Werkzeug für Reparaturen umfunktioniert. Im Haushalt sieht es nicht besser
aus: Mehr als 1.000 dienen Kindern als Spielzeug oder landen im Staubsauger. Fazit: Wohl der Klammer, die wirklich was zu klammern hat.

100. _____

2.000 _____

10.000 _____

1.400 _____

1.600 _____

550 _____

530 _____

320 _____

1.000 _____

84   **Schreiben Sie die Zahlen in Buchstaben!**

Die deutsche Handelsflotte belief sich am 1.1.1995 auf 659 Schiffseinheiten mit 5,398 Mio. Bruttoregistertonnen, davon 3387 Trockenfrachter, 140 Containerschiffe, 30 Öl-, 14 Flüssiggas- und 5 Chemikalientanker sowie 78 Fahrgastschiffe.

1.1.1995 _____

659 _____

5,398 _____

3387 _____

140 _____

30 _____

14 _____

5 _____

78 _____

Korrektur: Für jede richtige Zahl 1 Punkt
Für den ganzen Test: maximal 44 Punkte
**   mindestens 29 Punkte**

§ 39 Deklination des Adjektivs

85   **Adjektive ohne Ende; Werbung ohne Adjektive ist kaum vorstellbar. Ergänzen Sie bitte die Adjektivendungen in dem folgenden Werbetext über die Karibik. Die richtigen Buchstaben ergeben von oben nach unten gelesen ein (sehr langes) Lösungswort.**

Bereits das Wort ließ in den Augen des unbekannt___ (1) Reisenden ein lodernd___ (2) Feuer aufflackern:
(1)   unbekannter (G)   unbekannten (A)   unbekannt (O)
(2)   lodernd (D)   loderndes (T)   lodernder (F)

Mit ihren endlos___ (3) Stränden, wiegend___ (4) Palmen und dem warm___ (5), türkisfarben___ (6) Meer erfüllt die Karibik jedes auch nur erdenklich___ (7) Klischee.

(3)	endloser (U)	endlosen (O)	endlose (Ü)
(4)	wiegenden (M)	wiegender (C)	wiegendem (P)
(5)	warmen (K)	warmem (H)	warm (B)
(6)	türkisfarben (S)	türkisfarbenem (K)	türkisfarbenen (R)
(7)	erdenkliches (K)	erdenklichen (F)	erdenkliche (A)

Doch sie hat mehr zu bieten: rein___ (8) Vulkangebirge, üppig___ (9) Regenwälder oder ungastlich___ (10) Wüsten.

(8)	reine (F)	reiner (H)	reinen (L)
(9)	üppiger D)	üppige (T)	üppigen (W)
(10)	ungastlicher (V)	ungastlich (F)	ungastliche (W)

Sie wollen es genauer wissen? Zunächst dies: Der karibisch___ (11) Archipel erstreckt sich in einem Bogen vom Süden Floridas bis zum nördlich___ (12) Südamerika.

(11)	karibische (E)	karibischen (Ö)	karibischer (H)
(12)	nördlichem (M)	nördlich (Ü)	nördlichen (R)

Die größt___ (13) Insel ist Kuba mit 110.860 Quadratkilometern, die kleinst___ (14) Saba (8 Quadratkilometer).

(13)	größte (K)	größt (G)	größten (N)
(14)	kleinster (P)	kleinste (S)	kleinst (Z)

Die höchst___ (15) Erhebung (3.175 Meter) liegt in der Dominikanisch___ (16) Republik, flach___ (17) Landzungen erreichen mit Glück gerade mal Meeresniveau.

(15)	höchsten (S)	höchste (B)	nöchster (U)
(16)	Dominikanische (A)	Dominikanischer (Ä)	Dominikanischen (E)
(17)	flache (T)	flacher (G)	flachen (B)

Zurück zu dem, was den Traum „Karibik" so unvergesslich macht: Auf Puerto Rico und Dominica gibt es Regenwälder, auf Haiti unfruchtbar___ (18) Kakteenwildnis.

(18)	unfruchtbarer (T)	unfurchtbare (R)	unfruchtbaren (D)

Sogar auf einer einzig___ (19) Insel kann die Landschaft rasch wechseln.

(19)	einzig (N)	einziger (R)	einzigen (E)

Mangrovensümpfe neben Weiden, Pinienwälder neben Palmen. Sowieso sind die Inseln das ganz___ (20) Jahr über mit warm___ (21) Klima und kühl___ (22) Passatwinden gesegnet.

(20)	ganze (I)	ganz (Q)	ganzes (P)
(21)	warmen (P)	warmer (O)	warmem (B)
(22)	kühlen (E)	kühler (T)	kühlem (S)

Außer Korallenriffen und wunderschön___ (23) Stränden hat die Karibik schließlich Wasserfälle (und so weiter und so weiter)

(23) wunderschöne (E)   wunderschöner (Z)   wunderschönen (R)

Lösungswort: _____

Korrektur: Für jede richtige Lösung einen Punkt

Lesen Sie diesen Text doch einmal ohne die Adjektive. Wie wirkt er dann? Fragen Sie sich bei jedem Adjektiv, ob es funktional ist oder ob es bloß der sprachlichen Dekoration dient.

86 Wahnsinn – Ergänzen Sie auch im folgenden Text die Adjektivendungen! Die angekreuzten Buchstaben ergeben, wenn sie richtig sind, von oben nach unten gelesen ein Lösungswort.

Machen Sie sich keine Sorgen. Man hört zwar immer wieder von Problemen im Zusammenhang mit Rindfleisch, aber es gibt auch einen zuverlässig___ (1) Weg, Qualitätsfleisch aus gesichert___ (2) Herkunft zu bekommen.

(1) zuverlässiger (D)   zuverlässigem (K)   zuverlässigen (S)
(2) gesichert (E)   gesicherter (O)   gesichertem (Ä)

Schon vor Jahren hat man zusammen mit der Bundesanstalt für Fleischforschung ein durchgängig___ (3) Kontrollsystem entwickelt, das die Herkunft des Fleisches, von der Ladentheke bis zur Geburt des Tieres in Deutschland zurückverfolgen lässt.

(3) durchgängigen (G)   durchgängiges (L)   durchgängig (P)

Alle, die am Herstellungsprozess beteiligt sind, haben sich zur Einhaltung streng___ (4) Qualitäts- und Sicherheitsstandards verpflichtet und müssen sich regelmäßig___ (5) Kontrollen unterziehen.

(4) strengen (Ö)   strenger (A)   strenge (I)
(5) regelmäßige (T)   regelmäßigen (R)   regelmäßig (R)

Deshalb steht Fleisch, das mit einem Prüfsiegel ausgezeichnet ist, für sorgfältig___ (6) Auswahl der Zuchttiere, Geburt der Tiere in Deutschland, streng___ (7) Kontrolle der Futtermittel, tiergerecht___ (8) Haltung, kurz___ (9) und schonend___ (10) Transporte und best___ (11) Hygiene bei der Verarbeitung.

(6) sorgfältiger (A)   sorgfältige (E)   sorgfältigen (Ü)
(7) strenger (M)   streng (W)   strenge (N)
(8) tiergerecht (V)   tiergerechter (P)   tiergerechte (E)
(9) kurzen (S)   kurze (R)   kurz (D)
(10) schonenden (K)   schonend (H)   schonende (G)
(11) beste (I)   bestem (J)   bester (E)

So können Sie Rindfleisch mit gut___ (12) Gefühl kaufen und genießen.

(12)   gutem (E)   guter (S)   gut (R)

Lösungswort: _____

Fragen Sie sich auch in diesem Text nach dem Informationswert der einzelnen Adjektive! Denken Sie, dass Sie nach dem Lesen des Textes lieber
Rindfleisch essen – oder zumindest weniger besorgt?

Korrektur: Für jeden richtig ergänzten Satz 1 Punkt

Für den ganzen Test: maximal 35 Punkte
                        mindestens 22 Punkte

§ 40   Komparation des Adjektivs

87   Komparativ und Superlativ bestimmen darüber, ob der Artikel bestimmt
oder unbestimmt ist. Ergänzen Sie den Artikel! Die richtigen Buchstaben
ergeben von oben nach unten gelesen ein Lösungswort.

1. Er plante ___ längere Reise durch Mittelamerika.
   die (F)   eine (R)

2. Der Chef hatte sich immer ___ intelligenteren Teilhaber gewünscht.
   einen (E)   den (A)

3. Ihr Mann war ___ schärfste Kritiker ihrer Projekte.
   der (I)   ein (H)

4. Natürlich hätte das Ehepaar gern ___ billigere Wohnung gefunden.
   die (F)   eine (H)

5. Der Großvater erinnert sich noch gut an ___ kältesten Winter zwischen den beiden Weltkriegen.
   den (E)   einen (Ö)

6. ___ beliebteste Fernsehsendung muss nicht ___ beste sein.
   Die ... die (N)   Eine ... die (M)

7. Mein Lieblingsrestaurant ist das mit ___ freundlichsten Bedienung.
   der (H)   einer (A)

8. Hinter dem pompösen Pseudonym verbarg sich ___ jüngere und völlig untalentierte Hobby-Schriftstellerin.
   der (G)   eine (A)

9. In der Großstadt ist das Fahrrad normalerweise ___ schnellste Verkehrsmittel.
das (U) ein (S)

10. Die Reichstagsverhüllung war ___ bedeutendes kulturelles Ereignis.
ein (S) das (E)

Lösungswort: _____

Korrektur: Für jede richtige Lösung 1 Punkt

88 Ergänzen Sie die entsprechende Komparativform! Die richtigen Buchstaben ergeben von oben nach unten gelesen ein Lösungswort.

1. Das ist sicher das leichteste Rad, das Sie verkaufen?
Nein, nein, wir haben noch ___
leichte (S) leichtere (B) leichterere (P)

2. Das ist wohl der würzigste Käse, den Sie anbieten?
Nein, nein, wir führen noch ___
würzigeren (I) würziger (E) würzigereren (A)

3. Ist das der trockenste Wein, den Sie haben?
Aber nein, wir verkaufen noch ___
trockener (F) trockeneren (E) trockenener (O)

4. Das ist der billigste Drucker in Ihrem Angebot, oder?
Nein, nein, wir haben noch ___
billigere (R) billigerere (M) billige (D)

5. Ist die Schlange dort die giftigste von allen?
Nein, es gibt noch ___
giftigere (D) giftige (E) giftigereren (S)

6. Das hier ist die modischste Krawatte, die Sie haben?
Nein, nein, wir haben natürlich noch ___
modischerere (A) modischere (E) modische (Ü)

7. Ist das etwa der dunkelste Schal, den Sie führen?
Nein, klar, dass wir noch ___ führen.
dunklere (C) dunkele (P) dunkelerere (I)

8. Das hier ist das ärmste Viertel der Stadt?
Oh nein, es gibt leider noch ___
armere (G) armerere (D) ärmere (K)

9. Ist Deutsch die schwierigste Sprache der Welt?
Aber auf keinen Fall, es gibt viele viel ___ Sprachen.
schwierigere (E) schwierige (O) schwierig (U)

10. Ist das hier das billigste Hotel der Stadt?
     Nein, nein, wir haben noch ___

billigerer (S)   billig (P)   billigere (L)

Lösungswort: _____

Korrektur: Für jede richtige Lösung 1 Punkt

89 **Älter, schöner, wichtiger! – Sehen Sie sich die Begriffspaare an und schreiben Sie Vergleiche, indem Sie die folgenden – oder auch ganz andere – Adjektive benutzen:**
erstaunlich, alt, nützlich, relevant, denkwürdig, praktisch, lehrreich, sinnvoll, notwendig, folgenreich, gut, interessant, kompliziert, leistungsfähig, hilfreich, wichtig, erfolgreich, unverzichtbar, innovativ, wünschenswert **und andere**
In Klammern ist das Jahr der jeweiligen Erfindung angegeben.

Beispiel: Volleyball ist viel älter als Handball.

1. Handball (1915, Deutschland) – Volleyball (1895, USA)

     _____

2. Reißverschluss (1891) – Hosentaschen (1580)

     _____

3. Schreibmaschine (1714) – Taschenrechner (1971)

     _____

4. Lego (1932) – Playmobil (1974)

     _____

5. Kopiergerät (1968) – Faxgerät (1988)

     _____

6. Milchpulver (1855) – löslicher Kaffee (1937)

     _____

7. Streichholz (1831) – Spülmittel (1916)

     _____

8. Dosenöffner (1858) – Thermoskanne (1873)

     _____

9.   Kaugummi (1869) – Eis im Hörnchen (1904)

10. Zahnbürste (1498, zuerst in China, aus Schweineborsten, später aus Pferdehaar, seit 1938 aus Nylon) – Zahnpastatube (1892)

11. U-Bahn (1863) – U-Boot (1891)

12. Auto (1885) – Hubschrauber (1939)

13. Registrierkasse (1879) – Kreditkarte (1920)

14. Coca-Cola (1886) – Pepsi-Cola (1898)

15. Thermometer (1596) – Blitzableiter (1752)

16. Glühbirne (1880) – Klimaanlage (1911)

Korrektur: Für jeden richtigen Satz 2 Punkte

90   Sehen Sie sich die folgende Tabelle an und bilden Sie Vergleiche
(viel / wenig):

Der Bundeskanzler verdient monatlich ca. 20.500 Euro;
ein Bundesminister verdient monatlich etwa 16.500 Euro;
ein Staatssekretär verdient im Monat ungefähr 14.000 Euro;
ein Bundestagsabgeordneter verdient jeden Monat ca. 10.000 Euro.

Korrektur: Für jeden richtigen Satz 2 Punkte

91   Sehen Sie sich die folgende Tabelle an und bilden Sie Vergleiche *(weit / nah, schnell / langsam, kurz / lang):*

Zugreisen werden schneller

	Fahrzeit heute	Fahrzeit künftig
Köln–Paris	245 Minuten	180 Minuten
Köln–London	330 Minuten	270 Minuten
Frankfurt–Paris	380 Minuten	210 Minuten
München–Paris	421 Minuten	226 Minuten
Mannheim–London	400 Minuten	260 Minuten

_____

_____

_____

_____

_____

Korrektur: Für jeden richtigen Satz 2 Punkte

92   Sehen Sie sich die folgende Tabelle an.

TV-Sehdauer der Zuschauer in Minuten pro Tag

1985	1986	1987	1988	1989
141	143	148	147	151

1990	1991	1992	1993	1994	1995	1996	1997
157	162	170	178	179	174	183	183

Kreuzen Sie die richtige Antwort an. Die Buchstaben ergeben wieder ein Lösungswort.

1. 1997 haben die Menschen mehr ferngesehen als 1996.
   richtig (A)   falsch (F)

2. Die TV-Sehdauer war 1987 um 35 Minuten kürzer als 1997.
   richtig (R)   falsch (F)

3. 1995 war die durchschnittliche Sehdauer niedriger als im Vorjahr.
   richtig (E)   falsch (A)

4. Fast immer war die Sehdauer niedriger als ein Jahr vorher.
   richtig (F)   falsch (I)

5.   1988 wurde mehr ferngesehen als 1987.
     richtig (S)   falsch (B)

6.   1993 war die Sehdauer um 8 Minuten höher als ein Jahr zuvor.
     richtig (A)   falsch (Ö)

7.   In den 80er Jahren wurde weniger ferngesehen als später.
     richtig (D)   falsch (P)

     Lösung: _____

Korrektur: Für jede richtige Antwort 1 Punkt

93   Sehen Sie sich die folgenden Zahlen an.

Papier zersetzt sich nach ungefähr 3 Monaten, ein Streichholz nach ca. 6 Monaten. Ein Zigarettenfilter braucht ein bis zwei Jahre, ein Kaugummi 5 Jahre. Eine Plastikflasche zersetzt sich nach mehr als 100 Jahren; Glas benötigt ungefähr 4000 Jahre.

Kreuzen Sie die richtige Antwort an. Die Buchstaben ergeben wieder ein Lösungswort.

1.   Plastik zersetzt sich langsamer als Glas.
     richtig (G)   falsch (K)

2.   Das Zersetzen eines Streichholzes dauert länger als das von Papier.
     richtig (O)   falsch (S)

3.   Papier zersetzt sich schneller als Kaugummi.
     richtig (B)   falsch (E)

4.   Zigarettenfilter brauchen viel länger als ein Streichholz.
     richtig (L)   falsch (E)

5.   Kaugummi braucht 20-mal länger als eine Flasche aus Plastik.
     richtig (S)   falsch (E)

6.   Glas zersetzt sich schneller als die anderen genannten Materialien.
     richtig (G)   falsch (N)

7.   Die Zersetzungszeit von Papier ist viel kürzer als die von Plastik.
     richtig (Z)   falsch (W)

     Lösung: _____

„Der Spiegel" schrieb von „Europas Land mit den zuverlässigsten Automobi-
len, den breitesten Autobahnen und den schönsten Autowaschanlagen". Ah-
nen Sie, von welchem Land die Rede war?

Korrektur: Für jeden richtig ergänzten Satz 1 Punkt

Für den ganzen Test: maximal 82 Punkte
mindestens 54 Punkte

§ 41   Adjektive und Partizipien als Substantive

94   **Ergänzen Sie bitte die fehlenden Formen!**

	Substantiv	Partizip Perfekt	Infinitiv
1.	der/die Angeklagte	_____	_____
2.	_____	betrunken	_____
3.	_____	_____	versterben
4.	_____	_____	sich verletzen
5.	_____	verliebt	_____
6.	_____	_____	lehren
7.	_____	gefangen	_____
8.	_____	angestellt	_____
9.	_____	_____	betrügen
10.	_____	_____	verfolgen

Korrektur: Für jedes richtige Wort 1 Punkt
maximal 20 Punkte
mindestens 12 Punkte

§ 42 Adverbien

95 Welches Adverb ist sinnvoll bzw. möglich? Die richtigen Buchstaben ergeben von oben nach unten gelesen ein Lösungswort.

1. Das Team hat ___ verloren.
   baumtief (T)   haushoch (K)   oberflächlich (L)

2. Der Moderator ist ___ bekannt.
   allgemein (R)   oftmals (A)   regelmäßig (O)

3. Der ___ Tag war sonnig.
   hiesige (P)   dortige (B)   gestrige (A)

4. Die ___ Jugend rebelliert nicht mehr.
   obige (V)   heutige (N)   bisherige (J)

5. Sie haben den Termin ___ nicht eingehalten.
   dummer (G)   dummerweise (K)   dumm (I)

6. Das Konzert wäre ___ ausgefallen.
   beinahe (E)   einigermaßen (Ü)   sehr (I)

7. ___ ist heute schon gestern.
   Übermorgen (S)   Vorgestern (Z)   Morgen (N)

8. Es war ___ eine Prinzessin in einem großen Schloss.
   heutzutage (E)   einmal (K)   demnächst (R)

9. Ein guter Schachspieler hat ein ___ gutes Gedächtnis.
   bewundernswert (A)   sorgfältig (Ä)   früher (O)

10. Ein Aufzug fährt ___.
    vorwärts und abwärts (K)   hinauf und hinüber (T)
    aufwärts und abwärts (S)

11. Politiker sprechen gern von den Bürgern ___ im Land.
    hinten (P)   draußen (S)   unten (T)

12. Bürger sprechen von den Politikern ___ in Bonn oder Berlin oder
    Brüssel oder Luxemburg.
    drinnen (I)   daher (L)   weit weg (E)

Lösung: _____

Korrektur: Für jede richtige Lösung 1 Punkt
maximal 12 Punkte
mindestens 8 Punkte

Intermezzo

96   Zé do Rock, brasilianischer Weltenbummler, setzt sich in seinem Buch
„fom winde ferfeelt" mit Deutschland, den Deutschen, der deutschen
Sprache auseinander. Seine „Sprache" nennt er „Ultradeutsch". Es handelt
sich um eine ziemlich anarchistische Sprachvariante, die insbesondere in
Sprachprüfungen – zumindest noch nicht – sehr geschätzt wird. Korrigieren Sie seine eigenwillige Orthografie.

„das land is gut und schön. ma kann anständig leben, ma kann sich frei
entfalten, ma kann sein glück suchen one sich ständig ums überleben
kümmern zu müssen, ma hat vil platz für sich, ausserdeem hat s schöne
landschaften und städte. schöne städte findet ma auf diser welt nich oft.
ma schwärmt hir oft von irgendwelchen dritt-welt-ländern, weil ma dort
so wenig hat und trotzdeem lacht, wärend es hir umgekeert is. di in der
dritten welt lachen weil s weniger anstrengend is als weinen, weil ma mit
lachen etwas ablenkung hat. di dritte welt is schön wenn ma mit deutschmark rum spazirt. müssten si dort arbeiten, würden es sich vile anders
überlegen. ma vergisst immer wider, das produktivität eine tugend is. egal
was du machst, wenn di gesellschaft in der du lebst produktiver is, lebst du
besser. materiell zumindest.

und von wegen wolstand in Deutschland! erstens scheint di sonne ni,
zweitens is es eins der wenigen länder, wo man keine frischen semmeln
am sonntag kriegen kann, grad am einzigen tag, an dem ma richtig zeit
hat, ausgibig zu früstücken. is das demokratisch? sicherlich nich. warscheinlich sind mer als 95 prozent der bevölkerung gegen das gesetz. das is
auch mit der sprache so. di meisten sind für di vereinfachungen (obwol
warscheinlich nich in disem ultradeutsch-umfang), aber di gegner sind di
schreier, also get nix. mit dem rauchen, mit dem lärm, mit kindern, mit allem is es so: das recht der gestörten is heilig, das recht der geniszer kommt
nur in frage, wenn s kein stört. 100 geniszer dürfen nich geniszen, wenn 1
gestörter unterweegs is. das is di gestörtokrati. find ich nich gut, aber di ge-
niszokrati, aus der ich her komm, is auch kein idealzustand."

§ 44 Adverbien mit Präpositionen

97   **Leute von den Fernseh-Talkshows – Welche Varianten sind richtig? Kreuzen Sie sie an!**

1.   Sie hängen vom Erfolg beim Publikum ab.
     Sie sind vom Erfolg beim Publikum abhängig. (E)
     Sie sind beim Erfolg vom Publikum abhängig. (D)

2.   Sie beneiden erfolgreichere Kollegen.
     Sie sind auf erfolgreichere Kollegen neidisch. (I)
     Sie sind neidisch über erfolgreichere Kollegen. (A)

3.   Sie lieben ihr Publikum, ihre Arbeit und vor allem sich selbst.
     Sie sind auf ihr Publikum, ihre Arbeit und auf sich selbst verliebt. (F)
     Sie sind in ihr Publikum, ihre Arbeit und in sich selbst verliebt. (N)

4.   Sie wollen und brauchen immer mehr Anerkennung.
     Sie sind verrückt auf immer mehr Anerkennung. (W)
     Sie sind verrückt nach immer mehr Anerkennung. (B)

5.   Sie reagieren mit Verbitterung, wenn jemand auf der Straße sie nicht
     erkennt.
     Sie sind verbittert daran, dass jemand sie auf der Straße nicht erkennt. (I)
     Sie sind verbittert darüber, dass jemand sie auf der Straße nicht erkennt. (A)

6.   Sie sind wütend, wenn ein Passant sie mit einer anderen Person aus
     den Medien verwechselt.
     Sie sind rot vor Wut, wenn jemand sie verwechselt. (U)
     Sie sind rot von Wut, wenn jemand sie verwechselt. (Ö)

7.   Skrupel haben sie nicht.
     Sie sind los von Skrupeln. (L)
     Sie sind frei von Skrupeln. (K)

8.   Für eine höhere Einschaltquote tun sie alles.
     Für eine höhere Einschaltquote sind sie zu allem fähig. (Ü)
     Für eine höhere Einschaltquote befähigen sie sich. (A)

9.   Sie interessieren sich für alles – Hauptsache, es lässt sich darüber reden.
     Sie sind für alle interessant. (P)
     Sie sind an allem interessiert. (C)

10.   Sie zeigen Verständnis für die bizarresten Randgruppen und noch so
       extravagante Persönlichkeiten.
       Sie sind verständnisvoll gegenüber den bizarresten Randgruppen. (H)
       Sie sind verständnisvoll über die bizarresten Randgruppen. (Z)

11.   Nur das normale Leben schadet den Talkshows, weil es zu wenig Ge-
       sprächsstoff bietet.
       Nur dem normalen Leben schaden die Talkshows, weil es zu wenig
       Gesprächsstoff bietet. (O)
       Nur das normale Leben ist schädlich für die Talkshows, weil es zu
       wenig Gesprächsstoff gibt. (E)

       Lösung: _____

Korrektur: Für jeden richtigen Satz 1 Punkt
          maximal 11 Punkte
          mindestens 6 Punkte

§ 45 Das Zustandspassiv

98   Umzug – Welche der angebotenen Formen ist richtig?

1.   Die Bücher müssen noch eingepackt werden.
      Sind doch schon eingepackt (S) / einpacken (F).

2.   Schreibst du bitte endlich den Brief an die Hausratversicherung?
      Ist schon geschrieben (T) / geschriebt (A).

3.   Wer von uns informiert die Spedition über den neuen Termin.
      Ist längst geinformiert (F) / informiert (A).

4.   Bestellst du das Essen für die Möbelträger?
      Ist schon lange gebestellt (O) / bestellt (U).

5.   Ich will morgen abend die Lampen abmontieren.
      Sind schon abgemontiert (I) / abmontiert (B).

6.   Musst du nicht noch das neue Bad streichen?
      Ist schon gestrichen (S) / gestreicht (F).

7.   Vergessen wir bitte nicht, die Sicherungen abzuschalten und die
      Wasserleitung abzustellen!
      Ist alles schon gemacht (A) / macht (R).

8.   Sollen wir das Telefon schon ummelden?
      Nein, noch nicht. (U) – Nein, nicht noch. (T)

9.   Für die Ummeldung beim Einwohnermeldeamt haben wir nur sieben Tage Zeit.
     Ist schon geerledigen (E) / erledigt (G).

10. Unsere Adressenänderung musst du noch der Zeitung faxen. Und dem Finanzamt.
     Ist schon gefaxt (E) / gefaxen (N).

11. Wann laden wir unsere Eltern ein, sich die neue Wohnung anzusehen?
     Sind schon einladet (M) / eingeladen (R).

     Lösung: _____

Korrektur: Für jede richtige Lösung 1 Punkt

99   Eine gegen den Rest des Büros – Welche der beiden angegebenen Formen ist richtig?

1.   Ich musste alle Aktenordner wegräumen; sie waren nämlich noch nicht
     wegräumt (F)   weggeräumt (Ö).

2.   Dann musste ich den Mülleimer sauber machen; er war nämlich noch nicht
     sauber gemacht (K)   sauber macht (A).

3.   Und den Tresor musste ich abschließen; er war nämlich noch gar nicht
     abgeschließt (M)   abgeschlossen (O).

4.   Unsere Büropflanzen muss ich gießen; sie sind nämlich auch noch nicht
     gossen (S)   gegossen (L).

5.   Die Disketten muss ich formatieren und beschriften; sie sind nämlich alle nicht
     formatiert/beschriftet (O)   geformatiert/gebeschriftet (D).

6.   Papier und Toner muss ich wegräumen; ist alles noch nicht
     wegräumen (T)   weggeräumt (G).

7.   Am Abend musste ich das Protokoll einer Sitzung schreiben; war nämlich auch noch nicht
     geschrieb (O)   geschrieben (I).

8.   Schließlich musste ich noch Material für die nächste Woche bestellen; war ja auch noch nicht
     bestellt (E)   gestellt (F).

     Lösung: _____

Korrektur: Für jede richtige Lösung 1 Punkt

Für den ganzen Test: maximal 19 Punkte
mindestens 12 Punkte

§ 46   Die Partizipialkonstruktion

100   **Sprachingenieur – Bilden Sie Relativsätze.**

1.   Der ständig die deutsche Grammatik wiederholende und sogar schwierige Partizipialkonstruktionen beherrschende Ingenieur beeindruckte seine deutschen Gesprächspartner sehr.

_____

_____

_____

_____

2.   Als ein sich nicht nur für Technik interessierender Intellektueller begeistert er sich für das Studium von Fremdsprachen.

_____

_____

_____

3.   Sogar längst nicht mehr gesprochene Sprachen lernt er.

_____

_____

4.   Hierüber staunenden Freunden entgegnet er, dass das Lernen von Fremdsprachen ja nicht nur einen praktischen Nutzen habe.

_____

_____

_____

5.   Die für das Sprachstudium notwendige Zeit nimmt sich der Ingenieur, dessen Vater nicht einmal Englisch konnte, hauptsächlich an den Wochenenden.

_____

_____

_____

_____

6.   Ein ihn seit langem beratender Sprachlehrer lobt seine grenzenlose
       Geduld und seine hohe Intelligenz.

_____

_____

_____

7.   Während einer Studienreise durch Indien kam eine ihn begleitende
       Fremdsprachenassistentin nicht mehr aus dem Staunen.

_____

_____

_____

8.   Als ein sogar in verschiedenen indischen Dialekten erfahrener Spre-
       cher zog er die Aufmerksamkeit der Einheimischen auf sich.

_____

_____

_____

_____

9.   Der nicht nur im Sprechen außerordentlich versierte Elektroniker
       verfügt außerdem noch über ausgezeichnete sprachphilosophische
       Grundlagen.

_____

_____

_____

_____

10.   Der nebenbei die klassische Philosophie studierende Ingenieur weiß,
       dass nur derjenige die eigene Sprache beherrscht, der andere Spra-
       chen kennt.

_____

_____

_____

_____

Korrektur: Für jeden richtig ergänzten Satz 2 Punkte
            maximal 20 Punkte
            mindestens 12 Punkte

§ 47 Partizipialsätze

101 **Didaktisches – Bilden Sie anstelle des Partizipialsatzes einen Nebensatz!**

1. Sich sehr über die vielen wirklichkeitsfremden Sätze in Sprachprüfungen wundernd, ließ der Lehrer seine Studenten Partizipialkonstruktionen und Partizipialsätze anhand eigener Beispiele üben.
    (weil)

    _____

    _____

    _____

    _____

    _____

2. Partizipialsätze, im Unterricht geübt und in der Prüfungsordnung
    vorgesehen, sind im Alltagsdeutsch wenig relevant. (obwohl)

    _____

    _____

    _____

3. Manche Lehrer üben, auf die sprachliche Perfektionierung ihrer Studenten zielend, die schwierigen Konstruktionen so lange, bis die Studenten nur noch ein akademisches Deutsch sprechen. (indem)

    _____

    _____

    _____

4. Jede Art von Übertreibung vermeidend, konzentrieren sich andere
    darauf, nur das Verständnis dieser Konstruktionen zu üben, nicht
    aber die Anwendung. (um zu)

    _____

    _____

_____

_____

5. Einige Lehrer machen, das Beispiel der Konjunktivverwendung an-
    führend, darauf aufmerksam, dass manche Ausländer strukturell bes-
    ser Deutsch sprechen als viele Deutsche. (indem)

_____

_____

_____

_____

Korrektur: Für jeden richtigen Satz 2 Punkte
**   maximal 10 Punkte**
**   mindestens 6 Punkte**

§ 48 „haben" und „sein" mit „zu"

102 **Welche Modalverben passen? – Von oben nach unten gelesen ergeben die richtigen Buchstaben ein Lösungswort.**

1. Beim Einsteigen ist der Fahrschein vorzuzeigen!
    Man kann die Fahrkarte vorzeigen. (T)
    Man muss den Fahrschein vorzeigen. (G)
    Beim Einsteigen sollte man den Fahrschein vorzeigen. (O)

2. Früher hatte man als Schüler aufzustehen, wenn der Lehrer in die
    Klasse kam.
    Man durfte früher aufstehen, wenn der Lehrer in die Klasse kam. (S)
    Früher konnte man aufstehen, wenn der Lehrer die Klasse betrat. (F)
    Früher musste man aufstehen, wenn der Lehrer in die Klasse kam.
    (R)

3. Die verrostete Waschmaschine war nicht mehr zu reparieren.
    Man konnte sie nicht mehr reparieren. (A)
    Man brauchte sie nicht mehr zu reparieren. (S)
    Ich wollte sie nicht mehr reparieren lassen. (Ü)

4. Über Einreise- und Visabestimmungen hat sich ein Tourist selbst zu
    informieren.
    Darüber möchte sich ein Tourist am liebsten selbst informieren. (W)
    Hierüber muss er sich selbst informieren. (B)
    Er kann sich auch selbst danach erkundigen. (F)

5. Ein immer noch großer Teil des Haushaltsmülls wäre vermeidbar.
    Man könnte einen großen Teil vermeiden. (P)
    Man möchte ihn vermeiden. (S)
    Wir müssen mehr Müll vermeiden. (A)

6. Alle diese Faxe habe ich noch heute abzuschicken.
    Ich könnte sie am liebsten noch heute abschicken. (G)
    Am liebsten möchte ich heute noch faxen. (Ä)
    Ich muss sie alle noch heute abschicken. (F)

7. Diabetiker haben ganz besonders auf ihre Ernährung zu achten.
    Diabetiker können ihre Ernährung besser kontrollieren. (D)
    Sie haben immer schon besser darauf geachtet. (Y)
    Sie müssen besonders auf ihre Ernährung achten. (L)

8. Der Urlaub ist rechtzeitig mit den Kollegen abzustimmen.
    Man sollte ihn mit den anderen absprechen. (I)
    Man muss ihn abstimmen. (E)
    Man könnte ihn ruhig mal mit den Kollegen besprechen. (C)

9. Viele Behauptungen von Politikern sind kaum nachzuprüfen.
    Viele Behauptungen will man gar nicht überprüfen. (H)
    Man kann sie nicht überprüfen. (G)
    Wer möchte die schon nachprüfen!? (Ö)

10. Mit Besserwisserei ist kein einziges Problem zu lösen.
    Mit Besserwisserei löst man ein Problem am besten. (P)
    Mit Besserwisserei kann man kein Problem lösen. (E)
    Keiner möchte besserwisserisch sein. (U)

    Lösungswort: _____

Korrektur: Für jeden richtigen Satz 1 Punkt
maximal 10 Punkte
mindestens 6 Punkte

§ 49 Das Gerundivum

103 Amtsdeutsch – Ersetzen Sie das Gerundivum bitte durch einen Relativsatz!

1. Amtsdeutsch ist eine nur schwer aus der Welt zu schaffende Ausprä-
    gung des Deutschen.

    Amtsdeutsch ist eine _____

    _____

2. Partizipialkonstruktionen zum Beispiel sind oft schwer zu entschlüs-
   selnde Formen des Amtsdeutschen.

   _____

   _____

3. Lange und in ihrer Unübersichtlichkeit kaum noch zu überbietende
   Sätze sind ebenfalls charakteristisch für das Deutsch in und aus
   Behörden.

   _____

   _____

   _____

   _____

4. Besonders schwierig ist das sich gar nicht mehr am Bürger orientie-
   rende Amtsdeutsch für ausländische Mitbürger.

   _____

   _____

   _____

5. Das Behördendeutsch zeichnet sich durch einen auf die Bürger wir-
   kenden und nicht zu unterschätzenden Bluffeffekt aus.

   _____

   _____

   _____

6. Der durch nichts zu rechtfertigende Versuch, dem Leser von Behördenbriefen zu imponieren, ist ein Wesenszug althergebrachten
   Behördenverständnisses.

   _____

   _____

   _____

   _____

Glücklicherweise ändert sich hier vieles zum Besseren, aber noch immer
wird zum Beispiel so geschrieben:
„Mit dem OVG-Urteil vom 05.08.94 ist in diesem Zusammenhang erneut
bestätigt worden, dass Kostenüberschreitungen (u.a. aufgrund fehlerhafter
Kalkulationen) von bis zu 3 % noch als unerheblich angesehen werden

können und demzufolge nicht zu einer Rechtsungültigkeit des festgesetz-
ten Gebührensatzes führt." (es müsste „führten" heißen!)

Korrektur: Für jeden richtigen Satz 2 Punkte
maximal 12 Punkte
mindestens 8 Punkte

§ 50 Appositionen

104 **Das führende Reiseführer-Klischee ist das von den Gegensätzen. Ergänzen Sie bitte die folgenden Beispielsätze!**

1. Jordanien, _____ Land der Gegensätze, ist ein Königreich im Nahen Osten.
2. Die geographische Lage Kubas, _____ wirklichen Landes der Gegensätze, trägt sehr zur touristischen Entwicklung der Karibik-Insel bei.
3. In den Niederlanden, _____ wahren Land der Gegensätze, staunen Touristen über das Nebeneinander von Tradition und Unkonventionalität.
4. Für den Libanon, _____ tatsächliches Land der Gegensätze, scheint es eine vielversprechende touristische Zukunft zu geben.

Korrektur: Für jeden richtig ergänzten Satz 1 Punkt

105 **Weine aus Deutschland – Ergänzen Sie die Appositionen!**

1. Die deutsche Weinstraße verbindet die beiden Weinanbaugebiete der Pfalz, * (das ertragreichste Anbaugebiet Deutschlands)

   _____

   _____

2. In Rheinhessen * wurden früher vorwiegend Billigweine produziert. (Deutschlands größtes Weinanbaugebiet)

   _____

   _____

3. An der Bauchflasche * erkennt man Wein aus Franken. (der sogenannte „Bocksbeutel")

   _____

   _____

4. Die vorherrschende Weinsorte der Moselregion * ist der Riesling. (die viertgrößte Weinregion Deutschlands)

_____

_____

5. In Baden * sind Spätburgunder und Müller-Thurgau die wichtigsten Erzeugnisse. (die Region zwischen Heidelberg und dem Bodensee)

_____

_____

6. Der Name Müller-Thurgau geht auf Hermann Müller zurück, * (ein Professor und Weinzüchter aus dem schweizerischen Kanton Thurgau)

_____

_____

7. Für den Eiswein * erntet der Winzer die Trauben hart gefroren, um einen sehr konzentrierten Saft zu gewinnen. (eine deutsche Spezialität)

_____

_____

8. Auf einer Versteigerung wurde ein extrem hoher Preis für einen jungen Wein * erzielt: 1.352 Euro. (eine 1992er Riesling Trockenbeerenauslese)

_____

_____

9. Mit dem Rheingau * sind Ortsnamen wie Rüdesheim, Johannisberg und Assmannshausen verbunden. (das Synonym für den weltweit geschätzten Rheinwein)

_____

_____

10. Die Qualitätssteigerung beim deutschen Rotwein ist den sogenannten Barriques * zu verdanken. (kleine Eichenholzfässer aus Frankreich)

_____

_____

Korrektur: Für jeden richtig ergänzten Satz 1 Punkt
maximal 14 Punkte
mindestens 8 Punkte

Intermezzo

106   **Noch einmal Zé do Rock. Bitte korrigieren Sie!**

die deutschen ham 40 jare gebraucht um 10 prozent der vorurteile abzu-
baun, di di welt über si hatte. immer noch glaubt di merheit der menschen, si sind ein agresives volk, das bald wider ein krig anzetteln wird. di
meisten artikel in ausländischen zeitungen über dises land handeln von
neonazis. schon vor der vereinigung und den ausschreitungen. geschweige
nu. es ist auf meiner reise immer wider vorgekommen, das ich zusammen
mit nichdeutschen deutschen begegnet bin. es hat mich immer interessirt
zu wissen, ob diese nichdeutschen di deutschen an der sprache erkennen
können. sie ham s ni getan, und waren immer überrascht, das di gesprochene sprache deutsch war. sie ham sich d sprache vil härter vorgestellt. so
wi ein deutscher feldwebel im krigsfilm spricht.
mit den ausschreitungen sind di 10 prozent klischeeabbau rückgängig gemacht worden. ein problem is das der rassismus hir als kein groszes verbre-
chen anggeseen wird. ma kann ausländern ein lokalverbot verpassen und es
passirt eim nix. di freie marktwirtschaft is wichtiger als der rassismus. aber
wenn di freie marktwirtschaft nich für drogendealer gilt, könnte s für rassisten auch so sein. im ausland glaubt ma, das dises volk ser nationalistisch
eingestellt is. dabei sit ma auf rucksäcken fanen aller herren länder, aber ni
eine deutsche. di einzigen, di so was tragen würden, wären di neonazis,
aber di reisen nich. wenn si reisen würden, würden si bald aufhören, neonazis zu sein. si ham auch keine anung, was ein nazi is. di englischen neonazis sagen ‚England sig heil!', di deutschen nemen ein englisches wort um
sich zu bezeichnen, skinheads.

§ 52 Konjunktiv

107   Sie können den folgenden Textausschnitt aus dem Roman „Mars" von
      Fritz Zorn (Fischer Taschenbuch 1977) lesen. In dem autobiografischen
      und sehr ernsten Buch geht es um das Leben und um den Tod, um Krank-
      heit und Liebe, um Identität und Depression.

Wenn wir annehmen, dass jemand Zahnweh hat, sich aber damit zu trösten sucht, dass seine Blumen im Garten wunderschön gedeihen, sieht man
sogleich ein, dass diese beiden Dinge überhaupt nichts miteinander zu tun
haben. Ob die Blumen gedeihen oder nicht, spielt für das Zahnweh überhaupt keine Rolle. Sie sind nicht die Entschädigung für das Zahnweh,
denn der Zahn würde auch schmerzen, wenn die Blumen verhagelt worden wären. Ebenso wenig täte es dem Blühen Abbruch, wenn der Zahn
geheilt würde; in diesem Fall hätte der Patient eben beide Freuden zusammen, die Blumen und den geheilten Zahn. Es gibt für den zahnwehkran-
ken Blumenfreund nur eine Lösung: den Zahnarzt.
Ein solcher Patient war ich. Ich redete mir ein, dass ich zwar deprimiert sei,
dass es mir sonst aber gut gehe. Ich sagte mir, ich sei zwar einsam, aber
dafür gescheit, ich sei zwar unglücklich, aber dafür hätte ich eine Menge
Bekannte oder sogar Freunde, ich sei zwar frustriert, aber dafür Doktor, was
auch nicht jeder von sich sagen könne; kurz, ich war verzweifelt, durfte es
aber vor mir selbst nicht sein. Wie sinnlos es war, die Depression als Preis
für die Intelligenz oder meine Theaterstücke als Entgelt für die Einsamkeit
anzusehen – wie wenn ein dummer Mensch nicht auch deprimiert und ein
gescheiter nicht auch zufrieden sein könnte, wie wenn ein Theaterautor
notwendigerweise keine Geliebte oder ein Liebhaber notwendigerweise
keine Begabung für das Theater haben könnte – all das wollte ich nicht
einsehen und vergrößerte mein Elend dadurch nur noch mehr.

**Suchen Sie beim nochmaligen Lesen des Textes die Konjunktiv-Formen
und notieren Sie dazu den Infinitiv.**

Korrektur: Für jede richtig gefundene Form 1 Punkt
             maximal 14 Punkte
             mindestens 8 Punkte

§ 53 Der Konjunktiv II

108   Casino-Deutsch – Ersetzen Sie die Konjuntiv II-Formen durch Konstruktio-
      nen mit *würde*.

   1.   Hätte er Geld, führe er jedes Wochenende nach Monte Carlo ins Ca-
        sino.

        _____

        _____

2.   Mit Leichtigkeit brächte er ein mittleres Vermögen durch.

_____

3.   Er könnte sich nicht beherrschen und spielte bis zum bitteren Ende.

_____

_____

4.   Abend für Abend bliebe er bis zum Schluss, tränke Unmengen Alkohol, rauchte ohne Ende.

_____

_____

5.   Bei jedem größeren Verlust verlöre er beinahe die Fassung, bei jedem kleinen Gewinn atmete er erleichtert auf.

_____

_____

6.   Er besäße gern das Geld, um diese Erfahrung wirklich zu machen.

_____

7.   An besonderen Tagen setzte er beim Roulette, wie Richard Wagner, alles auf die „27".

_____

_____

8.   Nach einem großen Spiel führe er dann eines Tages nach Hause, spräche mit niemandem über sein Glück, behielte sein Geheimnis und genösse das Leben.

_____

_____

_____

Korrektur: Für jeden richtigen Satz 2 Punkte
         maximal 16 Punkte
         mindestens 10 Punkte

§ 54   Gebrauch des Konjunktivs II

109   Im Restaurant – Bilden Sie irreale Wunschsätze!

Meine Suppe ist völlig versalzen.
Wenn meine Suppe doch nicht so versalzen wäre!

1.   Der Kellner kommt und kommt nicht.

   _____

   _____

2.   Niemand bringt uns die Speisekarte.

   _____

   _____

3.   Keiner nimmt unsere Getränkebestellung auf.

   _____

   _____

4.   In diesem Lokal geht alles viel zu langsam.

   _____

   _____

5.   Der Braten schmeckt einfach nicht.

   _____

   _____

6.   Die Kartoffeln sind trocken.

   _____

7.   Das Gemüse sieht fürchterlich aus.

   _____

8.   In den anderen Restaurants haben wir keinen Platz mehr bekom-
     men.

   _____

   _____

9. Die Bedienung hier macht einen total desinteressierten Eindruck.

    _____

    _____

10. Der andere Kellner spricht nur Dialekt.

    _____

11. Nachtisch und Kaffee sind ungenießbar.

    _____

12. Nicht einmal die Rechnung wird uns gebracht.

    _____

    _____

Korrektur: Für jeden richtigen Satz 2 Punkte

110 Bilden Sie irreale Bedingungssätze

1. Wenn ich Astronautin wäre, _____

    _____

2. Wenn ich Russisch könnte, _____

    _____

3. _____,

    wenn ich dreißig Jahre jünger wäre.

4. Wäre ich die Chefin meines Mannes, _____

    _____

5. Wenn wir ein junges Liebespaar in der Südsee wären, _____

    _____

6.   Gäbe es auf der ganzen Welt kein Papier mehr, _____

_____

7.   Wäre ich unsterblich, _____

_____

8.   Wenn mir eine Universität gehörte, _____

_____

9.   Hätte ich einmal eine Stunde Sendezeit im Fernsehen zur

Verfügung, _____

_____

10.   Wenn meine Großmutter ein Mann gewesen wäre, _____

_____

11.   Wäre ich Friedensnobelpreisträger, _____

_____

12.   Hätte ich ein großes familiäres Problem, _____

_____

Korrektur: Für jeden richtigen Satz 2 Punkte

111   *Als ob* – **Welche Form ist richtig?**

1.   Der Maurer arbeitete so langsam und so unzuverlässig, als ob er betrunken gewesen
wären (W)   wäre (V)   hätte (F).

2.   Die Pfarrerin redet so unkonzentriert, als ob sie die ganze Nacht
nicht geschlafen
hätte (I)   wäre (A)   würde (U).

3. Die Möbel sind alle so winzig, als ob sie für ein Kind
    wären (E)   sein würde (B)   wäre (S).

4. Er bezahlt für den Anzug soviel, als ob Geld keine Rolle
    spielt (E)   spielte (R)   gespielt hätte (D).

5. Die Kinder telefonieren so lange, als ob das Telefonieren umsonst
    wäre (S)   sei (T)   ist (K).

6. Der Computer lief so langsam, als ob er einen Schaden
    haben (C)   hätte (I)   hat (G).

7. Die Musiker spielen so schlecht, als ob sie keine Noten lesen
    können (H)   könnten (T)   konnten (Ü).

8. Das Schiff legte so präzise an, als ob eine Geisterhand im Spiel gewesen
    wäre (Z)   war (W)   hätte (V).

9. Die Psychologie-Dozentin sprach so wirr, als ob sie hypnotisiert gewesen
    ist (O)   wäre (E)   würde (K)

10. Es roch so unangenehm, als ob man altes Fett benutzt
    habe (D)   hat (T)   hätte (R)

    Lösung: _____

Korrektur: Für jede richtige Lösung 1 Punkt

112 *als dass* – **Schreiben Sie irreale Folgesätze!**

1. Die Schwägerin ist viel zu arm, als dass _____

    _____

2. Es ist viel zu _____,

    als dass ich noch zu ihm gehen würde.

3. Beide Eltern starben _____,

    als dass sie ein Testament hinterlassen hätten.

4. Unsere Tochter hat viel zu viel Energie, als dass _____

    _____

5.   Als Philosoph ist der Professor zu mittelmäßig, als dass _____

_____

6.   Der Gärtner ist _____,

als dass er der Mörder sein könnte.

7.   Papier ist zu wertvoll, als dass _____

_____

8.   Die Perspektive des früheren Chefs war zu pessimistisch, als dass

_____

_____

9.   Der Parteivorsitzende ist _____,

als dass er solche Kompromisse akzeptieren würde.

10. Die Produkte dieser Firma sind zu umweltschädlich, als dass _____

_____

Korrektur: Für jeden richtigen Satz 2 Punkte

113 Sehr freundlich! – Die folgenden Sätze im Indikativ sind korrekt. Eine Bitte klingt aber höflicher im Konjunktiv II. Ändern Sie bitte.

1.   Machen Sie mir eine Freude?

_____

2.   Sind Sie so nett, meiner schwangeren Frau den Platz zu überlassen?

_____

3.   Können Sie mir bitte helfen: Das Schließfach scheint kaputt zu sein.

_____

_____

4. Rufen Sie in einer halben Stunde noch mal an? Herr Özman ist gerade in einer Sitzung.

_____

_____

5. Tun Sie das wirklich für mich?

_____

Korrektur: Für jeden richtigen Satz 2 Punkte

114 Ergänzen Sie die Sätze! Die richtigen angekreuzten Buchstaben ergeben wieder ein Lösungswort.

1. Unser Bernhardiner hat den Unfall überlebt, aber beinahe ...
    ... wäre er an den Folgen gestorben. (E)
    ... hat er ihn nicht überstanden. (A)

2. Die Polizei hätte den Betrüger beinahe gefasst; doch ...
    ... dann ist er noch entkommen. (I)
    ... dann wäre er noch entkommen. (B)

3. Fast hätte mein jüngster Bruder die Sprachprüfung bestanden;
    aber ...
    ... er hätte zwei Fehler zu viel gemacht. (G)
    ... er hat leider zwei Fehler zu viel gemacht. (F)

4. Mein Vater hat mit 54 Jahren noch eine neue Arbeitsstelle gefunden,
    aber fast ...
    ... wäre er Rentner geworden. (E)
    ... ist er Rentner geworden. (K)

5. Beinahe wären die Bücher nicht mehr rechtzeitig gekommen,
    doch ...
    ... dann wären sie noch gekommen. (H)
    ... am letzten Tag kamen sie endlich. (L)

Lösung: _____

Korrektur: Für jeden richtig ergänzten Satz 1 Punkt

Für den ganzen Test: maximal 93 Punkte
**   mindestens 62 Punkte**

§ 55 Konjunktiv I

115 Diabetiker unter sich – Setzen Sie die Verben im Konjunktiv I ein! Von oben nach unten gelesen ergeben die angekreuzten Buchstaben ein Lösungswort.

1. Der Krankenpfleger erklärte der Diabetikerin, sie ___ nicht mehr nur an ihre Krankheit denken.
   sollen (T)   soll (O)   solle (F)

2. Er sagte ihr auch, dass er selbst Diabetiker ___ .
   ist (E)   sein (F)   sei (A)

3. Er ___ sich ganz auf diese Krankheit eingestellt.
   habe (C)   gehabt (S)   hat (Z)

4. Sie ___ sein Leben, seine Arbeit nur noch wenig.
   beeinträchtige (H)   beeinträchtigte (C)   beeinträchtigt (I)

5. Natürlich ___ er nicht mehr essen und trinken wie früher.
   konnte (H)   könnte (V)   könne (W)

6. Aber man ___ sehr, wenn man ___ , durch Diabetes ___ das Leben seinen Sinn.
   übertreibe/sage/verliere (E)   übertriebe/sagte/verlöre (A)

7. Vielleicht sogar im Gegenteil: Er ___ heute bewusster und vernünftiger, ___ vieles mehr als früher, ___ das Leben durchaus.
   lebe/schätze/genieße (R)   lebte/schätzte/genoss (F)

8. Der Sinn des Lebens ___ schließlich nicht darin, möglichst süß und fett zu essen und so viel Alkohol wie nur möglich zu trinken.
   bestand (O)   bestehe (K)   besteht (M)

9. Was ihm immer noch etwas Mühe ___, ___ das Insulinspritzen.
   machte/wäre (K)   mache/sei (H)

10. Es ___ zwar kein richtiger Schmerz, aber diesen Pieks zweimal am Tag ___ er unangenehm.
    sei/finde (A)ist/fand (Ü)

11. Er ___ , dass man irgendwann eine Art Depotspritze ___ und man nur einmal pro Jahr spritzen ___.
    hoffte/entwickelte/musste (O)   hoffe/entwickle/müsse (U)

12. Jedenfalls ___ er ihr alles Gute und eine gute Erholung.
wünsche (S)   wünscht (T)   wünschten (F)

Lösungswort: _____

Korrektur: Für jeden richtig ergänzten Satz 1 Punkt
                 maximal 12 Punkte
                 mindestens 8 Punkte

§ 56 Gebrauch des Konjunktivs I

116 **Schlagzeilen – Geben Sie bitte die folgenden Sätze indirekt wieder! Welche Verbform setzen Sie dann ein?**

1. Zahl der Arbeitslosen nimmt weiter zu
Alle Zeitungen berichten, ___
zunähme (F)   zunehme (B)   zunimmt (T)

2. Käufer für Modekonzern steht bereit
Das Fachmagazin teilte mit, ___
steht (R)   stand (P)   stehe (L)

3. Pfarrer will beim Suizid helfen
Der Rundfunk meldet, ___
helfe (O)   will helfen (I)   wolle helfen (U)

4. Experte hat Statistik gefälscht
Kollegen behaupten, ___
habe gefälscht (M)   hätte gefälscht (Z)   hat gefälscht (S)

5. Problem mit der Inflation ist gelöst
Der Minister bestand darauf, dass ___
gelöst habe (D)   gelöst sei (E)   gelöst wäre (H)

6. Lage spitzt sich zu
Die Wochenzeitung schrieb, ___
spitze sich zu (N)   gespitzt sich zu (C)   spitzte sich zu (S)

7. Ministerpräsident dementiert Rücktrittsabsicht
Der Pressesprecher teilt mit,
nicht zurücktritt (F)   nicht zurücktrete (K)   nicht zurückträte (N)

8. Telefonieren wird billiger
Die Boulevard-Zeitung vermutete, ___
werde billiger (O)   würde billiger (L)   wurde billiger (V)

9.   Neues Gesetz attackiert Pressefreiheit
     Der Chefredakteur kommentiert, ___
     attackierte (D)   attackiere (H)   attackiert (K)

10. Olympiasieger lehnt Angebot ab
     Der Manager teilt per Fax mit, ___
     ablehnte (E)   abgelehnt hat (M)   ablehne (L)

     Lösungswort: _____

Korrektur: Für jeden richtig ergänzten Satz 1 Punkt
            maximal 10 Punkte
            mindestens 6 Punkte

§§ 57 – 61 Präpositionen

117 **Tropenholz – Ergänzen Sie bitte in der folgenden Meldung die Präpositionen!**

1.   Bundesentwicklungsminister Carl-Dieter Spranger (CSU) hat ___ einem verantwortungsvollen Verhalten ___ Kauf ___ Tropenholzprodukten aufgerufen.
     auf/am/für (F)   zu/beim/von (M)   an/im/zu (S)

2.   ___ einem generellen Boykott ___ Tropenholz könne der Raubbau ___ Regenwald nicht gestoppt werden, erklärte er ___ Montag ___ Bonn.
     Mit/von/am/am/in (A)   Durch/bei/vom/am/in (E)

3.   Die Verbraucher sollten vielmehr ___ umweltfreundlich erzeugte und glaubwürdig zertifizierte Holzprodukte achten.
     an (D)   für (F)   auf (R)

4.   „Dies gilt ___ die öffentliche Hand ___ gleichen Maße wie ___ den privaten Konsum", sagte der Minister.
     für/im/für (X)   vor/an/vor (O)   auf/zu/auf (G)

     Lösung: _____

Korrektur: Für jede richtige Lösung 1 Punkt

118 Preisvergabe – Ergänzen Sie bitte in der folgenden Meldung die Präpositionen!

1. ___ besondere Leistungen ___ der Berichterstattung ___ Entwicklungsländer haben Autoren und eine Zeitungsredaktion den Journalistenpreis Entwicklungspolitik erhalten.
    Über/in/auf (H)   Für/bei/in (E)   Für/in/über (T)

2. Bundespräsident Roman Herzog ehrte die Preisträger gestern ___ Bonn; der Preis wird jährlich ___ Bundesministerium ___ wirtschaftliche Zusammenarbeit und Entwicklung vergeben.
    in/durch/für (S)   in/vom/für (A)   im/vom/vor (F)

3. ___ Bereich Printmedien bekam Hanne Tügel den ersten Preis ___ ihren Beitrag „Wird Kairo wieder ein Dorf?", der ___ der Zeitschrift GEO erschien und die Möglichkeiten des Eigenanbaus ___ Lebensmitteln ___ der ägyptischen Metropole schildert.
    Im/für/in/von/in (S)   Beim/mit/in/mit/in (C)

4. Der zweite Preis wurde Bartholomäus Grill ___ seinen Artikel „Lebensader für Makala" ___ der Wochenzeitung „Die Zeit" zugesprochen.
    wegen/für (I)   für/in (S)   über/in (H)

5. Einen Anerkennungspreis bekam die Redaktion der „Aachener Zeitung", die eine Serie ___ Kinderarbeit und Kinderprostitution veröffentlichte.
    über (E)   auf (L)   mit (M)

Lösung: _____

Korrektur: Für jede richtige Lösung 1 Punkt

119 Bücher – Ergänzen Sie die Präpositionen. Bei den Texten handelt es sich um Kurzbeschreibungen von Büchern.

1. Wie haben der Bauer, der Handwerker, der Soldat, der Geschäftsmann, der Adelige ___ zwei Jahrhunderten ___ Friedrich dem Großen und seinen Vorgängern ___ Preußen gelebt? Wie sah der Alltag aus? Ein ebenso anschauliches wie analytisches Bild ___ den konkreten Lebensbedingungen ___ dem mächtigen (Militär-)Staat.
    vor/bei/von/über/aus (K)   vor/unter/in/von/in (L)

2. Eine umfassende Darstellung ___ Leben und Werk des bedeutendsten Dramatikers, Lyrikers und Regisseurs des 20. Jahrhunderts. Gestützt ___ reiches Archivmaterial, ___ Gespräche, Interviews und Korrespondenzen entwirft der Autor ein Bild davon, wie sich das Schicksal Brechts ___ den künstlerischen, geistigen und politischen Strömungen des Jahrhunderts verband. Zwei Taschenbuch-Bände ___ Kassette.
   auf/über/durch/gegen/in (A)   von/auf/auf/mit/in (E)

3. Der Journalist Udo Ulfkotte zeichnet Pannen und unbekannte Erfolge des Bundesnachrichtendienstes nach, beschreibt, wie Agenten heute angeworben und ___ ihre Aufgaben vorbereitet werden, berichtet ___ die Zusammenarbeit des Nachrichtendienstes ___ rund 200 anderen Geheimdiensten und nennt Stärken und Schwächen des deutschen Auslandsgeheimdienstes.
   für/von/gegen (F)   auf/über/mit (I)

4. Das Protokoll der Katastrophe – ___ Berichten der Überlebenden. 192 Seiten. 80 Fotos. ___ herausnehmbarem Titanic-Poster. Gebunden.
   nach/Mit (T)   mit/Über (D)

5. Die Heilkraft des asiatischen Tees ___ Körper und Seele nutzen. Die wirksamsten Rezepte ___ Behandlung ___ Krankheiten und ___ Schönheitspflege.
   für/zur/von/zur (E)   auf/für/bei/bei (K)

6. Wetterfest und winterfit ___ die Heilkräfte der Natur – ___ richtiger Lebensweise und Ernährung. ___ akuten Beschwerden wie Schnupfen, Husten oder Heiserkeit hilft eine Reihe bewährter und neuer naturkundlicher Heilverfahren.
   durch/dank/Bei (R)   mit/durch/In (U)

Lösung: _____

Korrektur: Für jede richtige Lösung 1 Punkt

Ordnen Sie bitte noch den Kurzbeschreibungen die Buchtitel zu!

a. Verschlusssache BND (ISBN 3-7338-0214-4)
b. Mythos Titanic (ISBN 1-000-63058-7)
c. Grüner Tee – für Gesundheit und Vitalität (ISBN 3-7787-3616-7)
d. Der Alltag in Preußen (ISBN 1-000-33747-2)
e. Erkältungen – Schluss damit (ISBN 1-000-63053-6)
f. Das Leben des Bertolt Brecht oder Der Umgang mit Welträtseln (ISBN 3-7466-1340-X)

120 **Aspirin – Auch im folgenden Sachtext fehlen Präpositionen. Setzen Sie sie bitte ein!**

1. Das Wort „Aspirin" wurde ___ Deutschland kurz ___ der Jahrhundertwende ___ dem ___ Friedrich Bayer gegründeten Chemieunternehmen erfunden.
    für/um/von/unter (F)   in/vor/in/von (P)

2. Felix Hoffmann, ein Chemiker ___ Bayer, untersuchte die Anwendungsmöglichkeiten von Salicylsäure, einer Substanz, die schon ___ Jahren ___ Konservierungsmittel ___ Lebensmittel ___ dem Markt war.
    in/vor/gegen/für/in (A)   bei/seit/als/für/auf (O)

3. Hoffmann überlegte, ob man sie nicht auch ___ Medikament verwenden könnte.
    als (L)   für (M)   mit (U)

4. Chemische Stoffe, die ___ Salicylsäure verwandt sind, hatte man ___ Weidenrinde und ___ Öl des Wintergrüns gefunden und benutzte sie schon lange ___ Schmerzmittel.
    auf/in/im/mit (J)   mit/in/im/als (I)

5. Versuchsweise verabreichte Hoffmann Kranken reine Salicylsäure. Zwar linderte es die Schmerzen und senkte das Fieber, doch der Magen reagierte empfindlich ___ das Mittel.
    auf (Z)   gegen (O)   wegen (Ä)

6. ___ ein Verfahren, das man Acetylisierung nennt, veränderte Hoffmann die Säure und hoffte, dass die acetylisierte Salicylsäure magenfreundlicher wäre, ohne ihre Wirksamkeit zu verlieren. Sie war es ___ der Tat.
    Mit/durch (G)   Durch/in (E)   In/mit (O)

7. Hoffmann hatte ein Mittel erfunden, das gute Voraussetzungen besaß, zum Bestseller ___ dem Pharmamarkt zu werden. Aber würde die Öffentlichkeit den Namen schlucken – Acetylsalicylsäure?
    zu (K)   auf (I)   im (S)

8. Die rettende Idee kam ___ Heinrich Dreser, einem Vorgesetzten Hoffmanns ___ Bayer.
    vor/in (T)   von/bei (S)   über/in (V)

9. Dreser erinnerte sich, dass Salicylsäure auch ___ Pflanzen gefunden wird, die ___ dem Namen Spiräen bekannt sind.
    unter/mit (D)   bei/vor (K)   in/unter (T)

10. ___ dieser Form hieß die Säure Spirinsäure.
    Auf (Y)   In (U)   Mit (L)

11. Dreser setzte ein „A" ___ „acetylisiert" ___ das Wortteil „Spirin" und erhielt den mittlerweile berühmt gewordenen Namen „Aspirin".
für/vor (N)　　　　von/gegen (M)　　　　von/auf (F)

12. So wurde 1899 ___ dem Jahr, ___ dem das Aspirin seinen Namen erhielt.
zu/mit (R)　　　　mit/in (F)　　　　zu/in (D)

13. Wer weiß, welche zungenbrechenden wissenschaftlichen Bezeichnungen ___ heute einem ähnlichen Vereinfachungsprozess unterworfen werden, damit sie morgen ___ aller Munde sind!
für/auf (I)　　　　von/in (E)　　　　vor/in (T)

Lösungswort: _____

Korrektur: Für jede richtige Lösung 1 Punkt

121　Leben ohne Null – Ergänzen Sie die Präpositionen!

1. Die Null ist eine der größten Erfindungen der Menschheit, ein unmissverständliches Symbol ___ Nichts.
mit (S)　　　　für (P)　　　　von (O)

2. Die alten Griechen und Ägypter hatten keine Null. Sie benutzten völlig andere Symbole ___ 9, 90, 900 und so fort.
an (E)　　　　für (Ü)　　　　über F)

3. Zwei große Nachteile hat dieses System. Erstens liefert es nur Symbole ___ Zahlen, die bereits ___ jemandem erdacht wurden.
über/von (K)　　　　für/von (N)　　　　für/durch (Z)

4. Wollte man beispielsweise ___ die Zahl 900 Milliarden sprechen, so müsste man erst ein Symbol ___ sie erfinden.
an/für (U)　　　　von/für (R)　　　　über/für (K)

5. Außerdem ließ sich nur sehr mühsam ___ dem System der alten Griechen und Ägypter rechnen.
mit (T)　　　　an (F)　　　　vor (S)

6. ___ Null ist die Multiplikation ___ 3 mal 90 etwas ganz anderes als die ___ 3 mal 9.
Ohne/vor/vor (I)　　　　Gegen/mit/mit (S)　　　　Ohne/von/von (L)

7. Die ersten belegten Nullsymbole tauchten ___ 500 ___ (abgekürzt v.) Christus ___ babylonischen Tontafeln auf.
seit/vor/über (J)　　　　ab/vor/mit (P)　　　　um/vor/auf (I)

8. Hier wurde die Null benutzt, um die Symbole ___ größere Zahlen zu
    verdeutlichen.
    für (C)   von (K)   mit (R)

9. Die Idee, die Null ___ Rechenaufgaben ___ normale Zahl zu benut-
    zen, stammt ___ einem hinduistischen Astronomen des siebten Jahr-
    hunderts ___ (abgekürzt n.) Christus.
    in/als/von/nach (H)   für/als/durch/nach (L)

10. Brahmagupta, so hieß er, hat ___ Erster Regeln ___ das Rechnen ___
    Nullen aufgestellt.
    an/zu/von (M)   als/für/mit (K)   von/mit/für (C)

11. Erst siebenhundert Jahre später hat das Abendland Nullen ___ seinen
    Rechnungen geduldet, ein Schritt, ___ dem der italienische Mathe-
    matiker Leonardo Fibonacci ___ 13. Jahrhundert die entscheidende
    Vorarbeit geleistet hat.
    vor/für/zum (I)   für/für/nach (S)   in/zu/im (E)

12. ___ der Null müssen wir das Einmaleins nur ___ ___ Zehnmalzehn
    auswendig lernen.
    Durch/vor/an (T)   Dank/bis/zum (I)   Wegen/von/bis (D)

13. ___ der Null können wir ___ zehn Tasten jede Zahl ___ unseren Ta-
    schenrechner eingeben. Und wenn wir uns irgendeine gigantische
    Zahl vorstellen wollen, so ist das kinderleicht – wir müssen nur ein
    paar Nullen dranhängen.
    Mit/durch/auf (R)   Ab/in/auf (L)   Wegen/mit/in (T)

    Lösungswort: _____

Korrektur: Für jede richtige Lösung 1 Punkt

122   Mit oder ohne – Ergänzen Sie!

Zum Spaghetti-Essen beim Bundeskanzler kamen der Außenminister ___
(1) seinem Sohn, der Verteidigungsminister ___ (2) einem Offizier, der Jus-
tizminister ___ (3) dem Grundgesetz unter dem Arm, die Ministerin für
Frauen und Jugend ___ (4) ihre Tochter, der Verkehrsminister trotz Smog-
Alarms ___ (5) dem Auto, der Minister für wirtschaftliche Zusammenarbeit
___ (6) einer Assessorin, der Wirtschaftsminister ___ (7) einem Freund aus
der Wirtschaft, der Forschungsminister ___ (8) seinem Kleincomputer, der
Innenminister ___ (9) seinen beiden Sekretärinnen, die Bildungsministerin
___ (10) einem Buch, der Arbeitsminister ___ (11) einer guten Idee, der Fi-
nanzminister ___ (12) seine Kreditkarte.

1.	mit (M)	ohne (S)
2.	ohne (E)	mit (A)
3.	mit (R)	ohne (O)
4.	ohne (M)	mit (D)
5.	mit (O)	ohne (I)
6.	ohne (S)	mit (R)
7.	mit (K)	ohne (O)
8.	ohne (B)	mit (U)
9.	mit (C)	ohne (F)
10.	ohne (S)	mit (H)
11.	mit (E)	ohne (Ä)
12.	ohne (N)	mit (M)

Lösung: _____

Korrektur: Für jeden richtig ergänzten Satz 1 Punkt

**Für den ganzen Test: maximal 53 Punkte
                        mindestens 34 Punkte**

§ 62 Verben in festen Verbindungen

123 Unterstreichen Sie die einzige passende Verbform!

1. Die Arbeitnehmer haben das Angebot der Arbeitgeber schließlich
   abgeschlossen (K)   angenommen (H)   angestellt (I).

2. Das Expertenteam hat die Korrektur des Computerprogramms an einem Wochenende
   ausgeführt (I)   aufgegeben (P)   abgelegt (L).

3. Durch ihren Wegzug aus dem Elternhaus haben die Zwillinge ihren Eltern großen Kummer
   erstattet (F)   zugefügt (M)   zugezogen (S).

4. Sofort nach dem Urteil ___ der Anwalt Berufung ein.
   setzte (Z)   stellte (C)   legte (M)

5. Er hat schon mehr als 20 praktikable Vorschläge
   verabreicht (A)   gereicht (Q)   eingereicht (E).

6. Die Richterin hatte einen guten Eindruck von der jungen Frau
   gewonnen (L)   gekommen (W)   gemacht (N).

7. Die Vorträge über seine letzte Expedition ___ fast überall großes Interesse.
   fällen (Ä)   finden (B)   geben (S)

8. Er war sehr bewegt, als die Kollegen Abschied von ihm
   gaben (H)   nahmen (E)   machten (F).

9. In seiner Vorlesung ___ der Physiker den Beweis für die Richtigkeit seiner Annahme.
   führte (T)   gab (I)   leistete (D)

10. Mit siebzehn Jahren hatte er eine große Dummheit
    begangen (T)   angetreten (V)   eingelegt (E).

Lösung: _____

Korrektur: Für jede richtige Lösung 1 Punkt

124 Was stimmt? – Die Buchstaben der richtigen Antworten ergeben von unten nach oben gelesen ein Lösungswort.

1. Hubert ist seinem Vater wie aus dem Gesicht geschnitten.
    Hubert ist geklont. (S)
    Hubert hat seinen Vater im Gesicht verletzt. (O)
    Hubert sieht seinem Vater sehr ähnlich. (R)

2. Die Ministerin hat die Dolmetscherin wieder auf die Palme gebracht.
    Die Ministerin hat die Dolmetscherin ohne Grund angelächelt. (U)
    Die Ministerin hat die Dolmetscherin mit in die Karibik genommen. (O)
    Sie hat die Dolmetscherin wütend gemacht. (E)

3. Marion findet immer ein Haar in der Suppe.
    Sie findet immer etwas zu kritisieren. (M)
    Marion ist besonders gründlich, sogar penibel. (B)
    Sie ist Diabetikerin. (D)

4. Der Art-director fährt regelmäßig aus der Haut.
    Er fährt an die frische Luft. (Ö)
    Er hat Hautprobleme (Akne!). (L)
    Er wird leicht wütend und ungeduldig. (M)

5. Der Abgeordnete hängt den Mantel zu sehr nach dem Wind.
    Er ist wetterempfindlich. (T)
    Er ist opportunistisch. (I)
    Er übertreibt immer. (P)

6. Thomas kann einfach keine 5 gerade sein lassen.
    Er ist immer sehr sachlich und übergenau. (Z)
    Thomas redet oft unlogisch. (C)
    Er kann auch einfache Rechenaufgaben nicht lösen. (R)

7. Die zwei lebten jahrelang in den Tag hinein.
    Sie lebten ohne Plan. (N)
    Sie arbeiteten nur nachts. (H)
    Sie standen sehr früh morgens auf. (V)

8. Der Personalchef fühlte dem „Dr.Dr." auf den Zahn.
    Der Personalchef hatte Zahnschmerzen. (Z)
    Er prüfte den „Dr.Dr." sehr gründlich. (H)
    Er schickte den „Dr.Dr." zum Zahnarzt. (K)

9. Die Immobilienmaklerin machte sich aus dem Staub.
    Sie arbeitete gut, gründlich und sauber. (Ü)
    Die Maklerin hinterließ unfertige Objekte. (E)
    Sie floh (vielleicht vor den Banken und ihren Forderungen). (O)

10.   Die jungen Leute machten die Rechnung ohne den Wirt.
        Sie irrten sich. (W)
        Sie gingen in ein Selbstbedienungsrestaurant. (F)
        Sie fragten nach dem Wirt, der aber nicht da war. (G)

        Lösung: _____

Korrektur: Für jede richtige Lösung 1 Punkt

Für den ganzen Test: maximal 20 Punkte
**   mindestens 12 Punkte**

§ 63 Gebrauch der Tempusformen

125 Der „Gebrauch der Tempusformen", wie er in Paragraph 63 des Dreyer/
Schmitt-Übungsbuches erläutert wird, lässt sich gut durch die Lektüre li-
terarischer Texte üben. Im Folgenden finden Sie die Anfänge von drei Ro-
manen; markieren Sie die Verben. Welches Tempus wird warum überwiegend verwendet?

Ulrich Plenzdorf **Die neuen Leiden des jungen W.**
„Wann hast du ihn zuletzt gesehen?"
„Im September. Ende September. Am Abend bevor er wegging."
„Hast du nie an eine Fahndung gedacht?"
„Wenn mir einer Vorwürfe machen kann, dann nicht du! Nicht ein Mann,
der sich jahrelang um seinen Sohn nur per Postkarte gekümmert hat!"
„Entschuldige! – War es nicht dein Wunsch so, bei meinem Lebenswan-
del?!"
„Das ist wieder deine alte Ironie! – Nicht zur Polizei zu gehen war vielleicht
das einzig Richtige, was ich gemacht hab. Selbst das war schließlich falsch.
Aber zuerst war ich einfach fertig mit ihm. Er hatte mich in eine unmögli-
che Situation gebracht an der Berufsschule und im Werk. Der Sohn der Lei-
terin, bis dato der beste Lehrling, Durchschnitt eins Komma eins, entpuppt
sich als Rowdy! Schmeißt die Lehre! Rennt von zu Hause weg! Ich meine
...! Und dann kamen ziemlich schnell und regelmäßig Nachrichten von
ihm. Nicht an mich. Bewahre. An seinen Kumpel Willi. Auf Tonband.
Merkwürdige Texte. So geschwollen. Schließlich ließ sie mich dieser Willi
anhören, die Sache wurde ihm selber unheimlich. Wo Edgar war, nämlich
in Berlin, wollte er mir zunächst nicht sagen. Aus den Tonbändern wurde
jedenfalls kein Mensch schlau. Immerhin ging so viel daraus hervor, dass
Edgar gesund war, sogar arbeitete, also nicht gammelte. Später kam ein
Mädchen vor, mit der es dann aber auseinanderging. Sie heiratete! Solange
ich ihn hier hatte, hat er nichts mit Mädchen gehabt. Aber es war doch
kein Fall für die Polizei!"

Max Fisch **Homo faber**
Wir starteten in La Guardia, New York, mit dreistündiger Verspätung infolge Schneestürmen. Unsere Maschine war, wie üblich auf dieser Strecke, eine Super-Constellation. Ich richtete mich sofort zum Schlafen, es war Nacht. Wir warteten noch weitere vierzig Minuten draußen auf der Piste, Schnee vor den Scheinwerfern, Pulverschnee, Wirbel über der Piste, und was mich nervös machte, so dass ich nicht sogleich schlief, war nicht die Zeitung, die unsere Stewardess verteilte, *First Pictures Of World's Greatest Air Crash In Nevada*, eine Neuigkeit, die ich schon am Mittag gelesen hatte, sondern einzig und allein diese Vibration in der stehenden Maschine mit laufenden Motoren – dazu der junge Deutsche neben mir, der mir sogleich auffiel, ich weiß nicht wieso, er fiel auf, wenn er den Mantel auszog, wenn er sich setzte und sich die Bügelfalten zog, wenn er überhaupt nichts tat, sondern auf den Start wartete wie wir alle und einfach im Sessel saß, ein Blonder mit rosiger Haut, der sich sofort vorstellte, noch bevor man die Gürtel geschnallt hatte. Seinen Namen hatte ich überhört, die Motoren dröhnten, einer nach dem andern auf Vollgasprobe.
Ich war todmüde.
Ivy hatte drei Stunden lang, während wir auf die verspätete Maschine warteten, auf mich eingeschwatzt, obschon sie wusste, dass ich grundsätzlich nicht heirate.
Ich war froh, allein zu sein.
Endlich ging's los –

Uwe Timm **Johannisnacht**
Die Geschichte beginnt genaugenommen damit, daß ich keinen Anfang finden konnte. Ich saß am Schreibtisch und grübelte, lief durch die Stadt, fing wieder das Rauchen an, Zigarren, in der Hoffnung, so, eingehüllt in den Rauch, würde mir der richtige, ganz und gar notwendige Anfang für eine Geschichte einfallen. Es half nichts, ich kam nicht ins Schreiben, dieser erste, alles entscheidende Satz wollte sich einfach nicht einstellen. Nachts stand ich am Fenster und beobachtete eine Frau im gegenüberliegenden Haus, die dort vor kurzem eingezogen war und ihre Männerbesuche in der hellerleuchteten Wohnung empfing. Ich versuchte, auch darüber zu schreiben: Ein Mann, der eine Frau beobachtet, von der er annimmt, sie wisse, daß er sie beobachtet. Aber nach wenigen Seiten brach ich die Arbeit wieder ab. Ich fuhr in ein Nordseebad und lief im Aprilsturm am Strand entlang, den Kopf angefüllt mit dem Brausen der Brandung, dem Kreischen der Möwen und den Klagen des Hotelbesitzers, dessen einziger Gast ich war. Nach vier Tagen flüchtete ich wieder an meinen Schreibtisch. Ich hatte mir ein Schachprogramm gekauft und spielte am Notebook die Partien der letzten Weltmeisterschaft von Kasparow nach. Am vierten Tag – ich war immer noch nicht über die Eröffnungszüge der ersten Partie hinaus – klingelte nachmittags das Telefon. Der Redakteur einer Zeitschrift fragte mich, ob ich nicht Lust hätte, etwas über die Kartoffel zu schreiben: Peru-Preußen-Connection. Die Kartoffel und die deutsche Mentalität. Und natürlich persönliche Kartoffelvorlieben. Rezepte. Bratkartoffelverhältnisse. Er lachte. Sie interessieren sich doch für Alltagsgeschichten. Elf bis zwölf Seiten, da können Sie ausholen.

Korrektur: Für die korrekte Bestimmung des Tempus je 2 Punkte
Für die korrekte Begründung je 2 Punkte
maximal 12 Punkte
mindestens 8 Punkte

Lösungen und Lösungswörter

Wenn Sie Ihre Tests selbst korrigieren, sollten Sie sehr sorgfältg vorgehen, damit Sie Ihren Lernfortschritt wirklich berurteilen können. Das ist kein Problem bei den Multiple-Choice-Aufgaben, die alle eine eindeutige Lösung haben.

Bei den anderen Aufgaben geben wir hier bei den Lösungen Alternativen an. Einige Aufgaben sind jedoch so formuliert, dass Sie Ihre individuelle Lösung finden müssen. Lassen Sie sich bei der Korrektur solcher Aufgaben von einem deutschen Muttersprachler oder noch besser von Ihrem Lehrer helfen.

Bei allen Lösungen sollten Sie auch auf die korrekte Rechtschreibung achten. Für gravierende Rechtschreibfehler (zumindest für solche Fehler, die die Bedeutung verändern) ziehen Sie bitte jeweils einen halben Punkt ab.

1 SPARDOSE
2 AUTOBAHN
3 KLEINANZEIGE
4 AUTOMOBILAUSSTELLUNG
5 DIESEL
6 FAHRSCHULE
7 (1) die (2) –/den (3) die (4) die (5) die (6) ein (7) des (8) die/– (9) – (10) –
   (11) der (12) das (13) der
8 (1) den (2) der (3) der (4) der (5) – (6) den (7) die (8) die (9) den (10) den/–
   (11) der (12) die (13) den (14) das (15) der (16) einer (17) der (18)
   einem/dem (19) der (20) die (21) – (22) der (23) der
9 UNFALLVERSICHERUNGEN
10 KARTOFFEL
12 1. kam an/fuhr 2. stieg/nahm/ging 3. stimmte/lächelte/wandte 4. ließ
   5. stellte ab/legte vor 6. kam 7. antwortete 8. wiederholte/hüstelte 9. sah
   hinab 10. führte 11. reagierten/guckten/glotzten an/blieben stehen/liefen
   an 12. murmelte 13. betrat/brachte 14. dachte 15. sagte/forderte 16. entgeg-
   nete 17. verlor/erwiderte 18. reichte 19. war bewusst, dass/empfand/waren
   20. schüttete 21. wachte auf/war froh, dass/war
13 1. Nur mit Innovationen werden sich Arbeitsplätze schaffen lassen. 2. Nur
   eine ökologisch und sozial nachhaltige Wirtschaftsweise wird die Lebensgrundlagen künftiger Generationen sichern können. 3. Ich werde auch im
   nächsten Jahrhundert keinen japanischen Kubismus, keinen französischen
   Futurismus, keine deutsche Popart sehen wollen. 4. Unser Kapital für die
   Zukunft wird eine tiefgreifende Revolution der Bildung sein. (...) Lehrer werden eine neue Rolle als weit in die Zukunft schauende Betreuer bekommen.
   – Inhaltlich ändert sich nichts. In den obigen Sätzen klingt das Futur übertrieben korrekt; und das Präsens ist angemessener.
14 KÄSEKUCHEN
15 STERN
16 BÜCHER
17 MALLORCA
18 Das einzige nichttrennbare Verb ist: bestellen.

19 Die trennbaren Verben sind: abschalten, einstellen, herausziehen, anschließen, einsetzen, einschalten, ausschalten, hinzuschalten, einrasten, herabsetzen, zudrehen, zurückstellen, abdichten

20 Das einzige trennbare Verb ist: feststellen.

21 VERWALTUNG

22 1. Viele fallen bei der Prüfung durch, weil sie die Aufgaben einfach nicht
durchschauen. 2. Er übersetzt den Aufsatz ins Arabische und der Verlag
überweist ihm sofort das Honorar. 3. Er zieht endlich aus der WG aus; immerhin umarmen sich alle noch einmal. 4. Das Regime, das das Volk seit
Jahrzehnten unterdrückt hat, geht endlich unter. 5. Er holt sich die verliehenen Bücher wieder, um die Französisch-Vokabeln zu wiederholen. 6. Die
Mehrheit der politischen Gefangenen widersetzt sich dem Regime und wi-
derspricht der offiziellen Propaganda offen. 7. Der betrunkene Autofahrer
fährt mehrere Mülltonnen um. 8. Der Kleine zieht sich einen Pullover über,
denn seiner Mutter ist kalt. 9. Nur wenige Passagierflugzeuge durchbrechen
die Schallmauer. 10. Der Zeuge durchschaut den Richter und bleibt bei seiner Lüge.

23 BUNDESBANK

24 FERTIGHAUS

25 Es werden nur die Pronomen angegeben, die freien Ergänzungen nicht.
1. bedankte sich ... 2. würde sich gern ... angucken 3. kann sich keine ...
merken 4. denkt sich ... aus. 5. verabschieden sich von ... 6. stellst ...dir sehr
einfach vor 7. muss sich regelmäßig ... rasieren 8. der sich nicht immer
wieder ... wäscht 9. beschäftigt sich mit ... 10. haben sich bei ... verletzt

26 In vollständigen Sätzen kommen die folgenden Pronomen vor: 1. mich
2. mir 3. mich 4. mir/mich 5. sich 7. mich 9. mich

27 2. Vorsicht, geh nicht dorthin! 3. Nein, spring nicht! 4. Hier, rutsch!
5. Nimm von der Schokolade, bitte. 6. Sag „Danke"!

28 2. Leg den Rucksack weg! 3. Leg die Spielsachen ins Regal! 4. Hol das Dreirad aus dem Garten! 5. Hör auf, Lukas mit der Gabel zu stechen! 6. Entschuldige dich bei Lukas! 7. Hör bitte auf, so laut zu schreien! 8. Iss den Apfel! 9. Mach die Hausaufgaben! 10. Hör auf, per Internet Teddybären und
andere Dinge zu bestellen!

29 2. Lesen Sie das bitte! 3. Kommen Sie bitte! 4. Zahlen Sie bitte die Gebühr
am Schalter neun! 5. Zeigen Sie mir dann bitte die Quittung! 6. Kommen
Sie bitte in sechs Monaten wieder! 7. Und vergessen Sie die Frist nicht! (Die
Frist beträgt sechs Monate. Haben Sie das verstanden oder soll ich Ihnen
das noch einmal erklären?) 8. Verlieren Sie das Papier nicht! 9. Bringen Sie
dann bitte auch Ihren Pass mit!

30 Das gesuchte Verb ist: machen.

31 1. Er ist um 6.30 Uhr aufgestanden, ... 2. er hat sich gewaschen und rasiert.
3. Dann hat er auf den Beamten gewartet, der seine Tür <u>aufschloss</u>. 4. er ist
in die Schreinerei gagangen, wo er seine Kollegen getroffen hat. 5. er hat
acht Stunden am Tag gearbeitet, ... 6. Mittags sind alle ins Gefängsnisres-
taurant gegangen und haben gegessen. 7. Immer haben alle dasselbe gegessen. 8. Nachher haben sie sich ein bisschen ausgeruht. 9. Die Tage <u>waren</u>
langweilig. 10. Und die Abende im Gefängnis <u>waren</u> fürchterlich. 11. Um
17 Uhr ist er in seine Zelle zurückgekommen. 12. Dann <u>konnte</u> er fernsehen. 13. Nach 60 Minuten hat sich das Fernsehgrät automatisch abgeschla-

tet. 14. Und dann hat er dagesessen, … 15. Einmal ist er aufgestanden, ans Fenster gegangen und hat laut geschrien: „Nein!" 16. Einer der Nachbarn hat dann gerufen: „Ruhe!" 17. Er hat sich dann an den kleinen Tisch gesetzt, … 18. Oder er hat sich gleich aufs Bett gelegt. 19. Lesen <u>konnte</u> er nicht. 20. Ganz spät ist er eingeschlafen. …

32 Das gesuchte Verb ist: wachsen.

33 NIVEA

34 1. stellt es in den Küchenschrank zurück. 2. stellt sie in den Wohnzimmerschrank. 3. holt sie zurück und stellt sie in die Glasvitrine. 4. legt sie in die unterste Schublade der Glasvitrine. 5. legt sie an den richtigen Ort. 6. ordnet sie und verteilt sie auf die einzelnen Schränke. 7. entschuldigt sich (eigentlich nicht sich, sondern ihren konfusen Mann), nimmt die Wäsche ab und hängt sie auf die richtige Leine. 8. verliert fast die Geduld, nimmt es heraus, entfärbt es und hängt es auf die Wäscheleine. 9. holt sie zurück und steckt sie in die Waschmaschine. 10. verzweifelt, nimmt die Schuhe ab und stellt sie in den Schuhschrank.

35 BALKONPFLANZE

36 NIERENTISCH

37 OSTEREI

38 1. Der Offizier befiehlt dem Soldaten, eine eigene Meinung zu haben. 2. Die Lehrerin empfiehlt den Schülern, skeptisch und kritisch zu sein. 3. Die Sekretärin rät der Chefin, sich etwas weniger konservativ zu kleiden. 4. Der Gewerkschaftschef zwingt den Arbeitgeberpräsidenten, die Verhandlungen fortzusetzen. 5. Die Ehefrau fordert ihren Mann auf, etwas spontaner zu sein. 6. Die Schulbehörde erlaubt den Lehrern nicht, in der Schule zu rauchen. 7. Der eine Kollege überzeugt den anderen, zur Kur zu fahren.

40 1. dass die Mietnebenkosten ständig steigen. 2. bestimmte Materialien in den Hausmüll zu geben. 3. noch weiter(gehend) Müll zu vermeiden. 4. dass man sich anfangs beim häuslichen Müllsortieren zurückgehalten hat. 5. dass immer mehr Gartenbesitzer den organischen Müll vergraben.

41 2. Seit wann/Wie lange kennen Sie Professor Stein? 3. Kann man sagen, dass Sie (sehr eng) befreundet waren? 4. Waren Ihre Arbeitsbereiche sehr ähnlich? 5. Hat Professor Stein Ihnen gesagt, wo die Formel war? 6. Hat er Ihnen nicht gesagt, wo genau? 7. Wie haben Sie sich das so genau gemerkt? 8. Wo waren Sie an Professor Steins Geburtstag? 9. Sie waren sicher allein? / Waren Sie allein? 10. Und haben ferngesehen? 11. Und da rief Professor Stein Sie an? 12. Wie spät / Wann war das? 13. Sie sind dann zu ihm gefahren? 14. Was sagte Professor Stein denn in Ihrem Gespräch? 15. Sagte er auch, vor wem er sie in Sicherheit bringen müsse? 16. Und was bedeutet K.? 17. Haben Sie denn Professor Stein nicht danach gefragt? 18. Und nach dem Gespräch sind Sie zu ihm gefahren und haben die Formel gestohlen? – Die drei Lügen von Dr. Hempel? Die Seiten 95 und 96 sind Vorder- und Rückseite; den 31. Juni gibt es nicht. Hatte Hempel nicht gesagt, dass er nicht ferngesehen habe – aber den „Tatort" doch, oder wie?

42 1. Finden Sie nicht auch, dass es (für die Jahreszeit) viel zu kühl ist? 2. Wissen Sie, wie spät es ist? 3. Haben Sie eine Monatskarte? 4. Sind Sie auch so müde? 5. Welcher Friseur hat Ihnen die Haare so toll geschnitten? 6. Haben Sie außer dem Fernsehjob noch eine richtige Arbeit? 7. Finden Sie es nicht schrecklich, wenn Sie alle möglichen Leute in der Straßenbahn und auf der Straße ansprechen?

43 1. Sind Sie gestresst? 2. Wie alt sind Ihre Kinder? 3. Wann war das, in welchem Monat? 4. Ist der Platz / hier (wohl) noch frei? 5. Kennen Sie das Schloss (Rösberg)? 6. Wie viele Kinder hat Ihr Bruder? 7. Finden Sie nicht, dass Alkohol eine Droge ist? 8. Wie viel verdienen Sie? 9. Finden Sie nicht auch, dass die erste Million die schwerste ist? 10. Gehen Sie lieber ins Theater oder in die Oper? 11. Wie spät ist es, bitte? 12. Bezahlen Sie bar?

44 TEMPOTASCHENTUCH

45 GUMMIBÄRCHEN

46 1. Der Vater nimmt das Baby aus dem Bett. 2. Die Mutter stillt es. 3. Dann wickelt der Vater es. 4. Die Eltern unterhalten das Baby. 5. Der Vater schaukelt es eine halbe Stunde lang. 6. Dann gibt ihm der Vater etwas Wasser. 7. Die Eltern verwöhnen ihr Kind sehr. 8. Vater und Mutter wechseln sich mit dem Windelnwechseln (auch Wickeln genannt) ab. 9. Die Mutter füttert das Baby. 10. Sie singt Kinderlieder. 11. Und beruhigt das Kleine. 12. Der Vater badet das Baby. 13. Dann legt er es ins Bett. 14. Und am Morgen weckt das Baby seine Eltern. – Was die Eltern falsch machen?! – Na, das Zuckerwasser!

47 1. Aus der Luther-Kirche in Berlin-Spandau wurden zwölf Wohnungen gemacht. 2. Die Friedrichwerdersche Kirche in Berlin und St. Cäcilien in Köln werden heute als Museen genutzt. 3. Die Ulrichskirche in Halle an der Saale wird als Konzertsaal genutzt. 4. In Willingen ist eine Kirche in eine Kneipe umgewandelt worden, die „Don Camillo" heißt. 5. Eine Kirche in Moringen wurde aufgegeben, um den Raum als Kerzenfabrik zu nutzen. 6. Nicht nur in Deutschland sind wenig genutzte Gebäude geschlossen worden bzw. werden anders genutzt. 7. In der Nieuwe Kerk in Delft (Niederlande) werden Kunstmessen veranstaltet. 8. In London ist in einer ehemaligen Kirche ein Restaurant, das „Mosimann's", eingerichtet worden. 9. Die Synagoge von Offenbach wurde zu einem Musical-Theater umgebaut. 10. In Polen werden nur noch sieben von früher 228 Synagogen als Gotteshäuser genutzt. 11. Den meisten Synagogen in Polen ist eine neue Funktion zugewiesen worden. Sie sind heute Museum oder Bibliothek, Kino oder Privatwohnung, Feuerwehrhaus oder öffentliches Schwimmbad (in Posen). 12. Innerhalb und außerhalb der Kirchengemeinden wird die Frage diskutiert, ob und wie weit ein Gotteshaus umfunktioniert werden darf.

48 1. Der Generaldirektor des weltbekannten Multis sammelt Teddybären und historische Kondensmilchdosen. 2. Der Single nebenan faxt haufenweise Liebesbriefe. 3. Die Star-Architektin sammelt Florenz-Bildbände. 4. Der Telefonist unserer Firma stopft Reptilien aus. 5. Meine Apothekerin verehrt Warhol-Fotos. 6. Die Oberstufenschülerin liest alle möglichen internationalen Zeitungen im Internet. 7. Unsere Großeltern schrieben früher Gedichte. 8. Der Filialleiter der Sparkasse sammelt noch heute Kauri-Muscheln. 9. Die Theateragentin wandert in Mittelgebirgen. 10. Der Werkstattbesitzer sammelt VW-Käfer aus den 40er Jahren. 11. Der Sohn des Gastwirts sammelt Bierdeckel und Streichholzschachteln. 12. Der Provinzpolitiker sammelt Autogramme von SPD-Politikern. 13. Der frustrierte Ideologe verwahrt das „Kommunistische Manifest" in mehr als vierzig Sprachen. 14. Unser diabetischer Hausbesitzer sammelt Coca-Cola-Dosen und -Flaschen. 15. Der berühmte Mann auf der Straße interessiert sich für Klatsch und Tratsch über Prominente.

49   1. Freitags wird in islamisch geprägten Ländern nicht gearbeitet. 2. In katholischen Gegenden wurde früher am Freitag kein Fleisch gegessen. 3. Besonders in den technischen Disziplinen wird sehr viel mit englischer Terminologie gearbeitet. 4. Nach wie vor werden zahlreiche Fachbücher in die verschiedensten Sprachen übersetzt. 5. Von vielen Wissenschaftlern werden immer weniger neue Ideen publiziert und immer mehr alte Ideen wieder aufbereitet. 6. Es wird dem Asketen im Hinduismus mit großem Respekt begegnet. 7. Es wird am Samstag von gläubigen Juden auf jede Art von Arbeit verzichtet. 8. Es werden viel zu viele Bücher publiziert. 9. Es werden längst nicht alle Bücher, die gekauft werden, auch gelesen. 10. Es werden Bücher, die wirtschaftlich kein Erfolg sind, irgendwann verramscht (d. h. billiger angeboten).

50   1. dass sie gestern gehustet hat. 2. dass sie völlig überarbeitet ist. 3. dass sie krank von der Dienstreise zurückgekommen ist. 4. dass es in ihrer Familie ein Problem gibt. 5. dass ihre Kinder miserable Schüler sind? 6. dass sie die ganze Zeit Medikamente nimmt. 7. dass sie gestern schon so langsam gegangen ist. 8. dass ihre Ehe eine Katastrophe sein soll. – Da es sich jeweils um indirekte Rede handelt, ist auch der Konjunktiv I möglich; in der gesprochenen Sprache findet man aber meistens den Indikativ.

51   2. dass Pommes frites demnächst verboten werden. 3. dass auch Autobahnen in Kürze Radwege erhalten. 4. dass Flüge in die USA noch billiger werden. 5. dass Ebbe und Flut abgeschafft werden. 6. dass alle deutschen Universitäten privatisiert werden. 7. dass Schokolade schlank macht. 8. dass die Polizisten den Drogendealer geschlagen haben. 9. das Gerüchte verbietet.

52   2. Sie wird bestimmt eine Flasche Wein mitbringen. 3. Sie wird doch wohl nicht ihre beiden Rottweiler mitbringen. 4. Wird sie vielleicht doch die zwei Hunde mitbringen? 5. Und wird sie ihr fürchterliches Billigparfum benutzen? 6. Sie wird sich wohl ein bisschen verspäten. 7. Gleich wird sie anrufen und sagen, was los ist. 8. Sie wird im Aufzug eine Nachbarin getroffen haben. 9. Sie wird die Einladung vergessen haben, die blöde Kuh! 10. Sie wird einen Verkehrsunfall gehabt haben. 11./12. Da es sich hier nicht mehr um Vermutungen handelt, sondern um feste Überzeugungen, eignet sich das Futur hier nicht. 13. Jemand wird sie auf offener Straße überfallen haben. 14. Und dann wird er sie ausgeraubt und vergewaltigt haben. 15. Man wird Simone entführt haben. 16. Sie wird zu Hause tot auf dem Fußboden liegen.

53   ZEBRASTREIFEN (von unten nach oben!)

54   1. Die Würde des Menschen ist unantastbar. 2. Jeder hat das Recht auf Leben und körperliche Unversehrtheit. 3. Vor dem Gesetz sind alle Menschen gleich. 4. Männer und Frauen sind gleichberechtigt. 5. Niemand darf gegen sein Gewissen zum Kriegsdienst mit der Waffe gezwungen werden. 6. Ehe und Familie stehen unter dem besonderen Schutz der staatlichen Ordnung. 7. Das Briefgeheimnis sowie das Post- und Fernmeldegeheimnis sind unverletzlich. 8. Die Wohnung ist unverletzlich. 9. Eigentum verpflichtet. 10. Die deutsche Staatsangehörigkeit darf nicht entzogen werden. 11. Alle Staatsgewalt geht vom Volke aus. 12. Die Bundesflagge ist schwarz-rot-gold. 13. Alle deutschen Kauffahrteischiffe bilden eine einheitliche Handelsflotte. 14. Bundesrecht bricht Landesrecht. 15. Die Bundesregierung besteht aus dem Bundeskanzler und den Bundesministern.

55 HANDWERK

56 Überprüfen Sie, ob die Struktur der entweder-oder-Sätze richtig ist: *entweder* – Verb – Subjekt – *oder* – Subjekt – Verb

57 1. verfügt nicht nur über kriminelle Energie, sondern ist auch intelligenter als die meisten anderen Ganoven. 2. hat nicht nur als Wissenschaftler einen schlechten Ruf, sondern ist auch als Lehrer eine Katastrophe. 3. ist nicht nur medikamentenabhängig, sondern hat auch große finanzielle Probleme. 4. hat nicht nur kein Geld mehr, sondern ist auch nicht mehr kreditwürdig. 5. ist nicht nur außergewöhnlich kreativ, sondern kennt auch die richtigen Leute im Verlag. 6. hasst nicht nur offene Mülltonnen, sondern wird auch wütend, wenn er Berge von Papier im Hausmüll sieht. 7. ist nicht nur in der Klinik erreichbar, sondern hat auch noch zwei Handys. 8. ist nicht nur vergnügungssüchtig, sondern hat auch den Elan einer Fünfundzwanzigjährigen.

58 1. ist weder reich noch hat er eine gute Ausbildung. 2. hat weder Talent noch ist sie voll und ganz bei der Sache. 3. ist weder durchsetzungsfähig noch hat er Charisma. 4. kennt weder die richtigen Leute noch hat sie Fantasie. 5. ist weder gesund noch wird er von seiner Partei unterstützt.

59 Achten Sie darauf, dass nach *andererseits* das Verb folgen muss.

60 1. Plastikbausteinen, die seit 1949 unter dem Namen Lego vom gleichnamigen Familienunternehmen produziert werden. 2. entwickelt, weil er sehr einprägsam ist und in den meisten Sprachen einen angenehmen Klang hat. 3. Der Legostein wurde entwickelt, bevor es überall Computer gab. / die Computerära begann. / als es noch keine Computer gab. 4. Wenn Kinder in Zukunft mit Lego spielen, können sie die Steine mit einem Computerprogramm verbinden, das am MIT entwickelt worden ist. 5. entschieden, weil viele Kinder mittlerweile lieber mit dem Computer als mit Plastiksteinen spielen. 6. Wenn der Lego-Chef die Umsatzverluste mit dem neuen System ausgleicht, dann … 7. enthalten, so dass die Kinder z. B. Roboter und Alarmanlagen bauen können. 8. ab, obwohl sie eingestehen, dass sich mit der Welt auch die Anforderungen an ihr Lieblingsspielzeug ändern. / Obwohl manche Lego-Nostalgiker die Computerisierung der Steinchen ablehnen, gestehen Sie ein … 9. Je preiswerter die neuen Steine sind, desto schneller werden sie akzeptiert und desto erfolgreicher werden sie sein. / Je attraktiver der Preis ist, desto größer werden (die) Akzeptanz und (der) Erfolg sein. 10. Lego wird das neue Produkt zu günstigen Preisen anbieten, um einen schnellen Erfolg zu erzielen. 11. Zeit, ob das das sei (ist), was Kinder brauchen.

61 INGENIEUR

62 1. während ihre Räumung fast 400 Mark kostet. 2. während die humanitären Folgen weitaus größer sind. 3. Während in Ottawa und in Oslo über das Verbot von Anti-Personen-Minen verhandelt wurde, explodierte alle 20 Minuten irgendwo auf der Erde eine Mine. 4. 8 % der Minenopfer werden mit Minen verletzt bzw. getötet, während sie mit ihnen spielen. 5. Während die kontroversen internationalen Vertragsverhandlungen andauern, werden mehr als 26.000 Menschen jährlich durch Minen verletzt, verstümmelt oder getötet. 6. Während die internationale Waffenlobby sich einem allgemeinen Minenverbot widersetzt, erhielt die „Internationale Kampagne zum Bann der Landminen" den Friedensnobelpreis. 7. Es wurden bislang jähr-

lich nur etwa 100.000 Minen beseitigt, während allein in Angola noch 10–20 Millionen Anti-Personen-Minen im Boden liegen.

63   HOBBYKELLER

64   NOBELPREIS

66   1. Wenn mein Kollege die Prüfung nicht besteht, wiederholt er sie. 2. Wenn die Reise ans Meer geht, werde ich ganz viel Fisch essen. 3. Das Formular wird zurückgeschickt, wenn der Antragsteller die Unterschrift vergessen hat. 4. Der Ingenieur bringt die Unterlagen persönlich, wenn das Faxgerät defekt ist. 5. Wenn wir noch mehr Kaffee trinken, werden wir nicht gut schlafen. 6. Der Zehnkämpfer hat eine gute Chance zu gewinnen, wenn er mehr als sonst trainiert. 7. Die Chefin zieht nach Heidelberg, wenn sie versetzt wird. 8. Wenn der Erpresser die Flucht nach Übersee schafft, fühlt er sich in Sicherheit. 9. Wenn die beiden Mädchen immer die Zähne putzen, bleiben die Zähne weiß und gesund. 10. Wenn 80 Millionen Deutsche mitreformieren wollen, verzögert sich die Reform noch etwas.

67   1. Wenn ich mit dem Auto zu schnell fahre, 2. Wenn ich meine Nachbarn beschimpfe, 3. Falls man während der Arbeitszeit trinkt, 4. Wenn mein Sohn nachts um drei Schlagzeug spielt, 5. Falls ich meine alten Batterien in den Mülleimer von Nachbarn werfe, 6. Wenn ich meine Texte nicht jeden Tag speichere, 7. Wenn ich zwei, drei Stunden im Garten arbeite, 8. Wenn ich einen ganzen Tag im Garten arbeite, 9. Wenn ich ein wichtiges Fax schicke, 10. Wenn man reich ist,

68   1. ist so verzweifelt, dass internationale Organisationen nur noch ihre Hoffnungslosigkeit artikulieren. 2. so dass von einer wirtschaftlichen Entwicklung kaum die Rede sein kann. 3. so dass sie im Normalfall nicht einmal mehr für Kredite in Frage kommen. 4. so dass man sie besser differenziert und etwa von „Ländern mit niedrigem (bzw. mittlerem oder hohem) Einkommen" und von „Schwellenländern" spricht. 5. so dass ausländische Investoren jedes Engagement scheuen. 6. so gesunken, dass sich die Abhängigkeit von anderen Ländern weiter erhöhte. / gesunken, so dass … 7. so dass die Pro-Kopf-Produktion an Lebensmitteln immer geringer wird. 8. so niedrig, dass sich die rohstoffreichen Entwicklungsländer nicht auf den Export ihrer Rohstoffe beschränken können. 9. so dass sich hier der Ausbau von Industrien zur Eigenversorgung lohnt.

69   1. Obwohl Ärzte der Schweigepflicht unterliegen, plauderte (…) 2. Obwohl die Sektenanführerin Bescheidenheit und Genügsamkeit predigte, verfügt sie selbst über einen immensen Immobilienbesitz in Übersee. Oder auch: Obwohl die Sektenanführerin über einen immensen Immobilienbesitz in Übersee verfügt, predigte sie Bescheidenheit und Genügsamkeit. 3. Obwohl der Versicherungsvertreter seinen Kunden Tag für Tag die Risiken eines Lebens ohne Versicherung schilderte, fuhr er seit Monaten mit einem unversicherten PKW. 4. Obwohl der Bankangestellte genau wusste, dass man sich bei einem bewaffneten Raubüberfall besser nicht wehrt, leistete er dem Ganoven Gegenwehr und wurde durch mehrere Schüsse schwer verletzt. 5. Obwohl der Küchenchef eine Berufserfahrung von mehr als 30 Jahren hat, kam es in seiner Küche kürzlich infolge von Unsauberkeit zu einer Lebensmittelvergiftung. 6. Obwohl der Raubtierdompteur ein notorischer Alkoholiker ist, führt er zweimal täglich seine Tiere vor. 7. Der Oberstudienrat ist noch am Gymnasium tätig, obwohl er wegen seines sadistischen Verhal-

tens bereits mehrere Disziplinarverfahren durchstehen musste. 8. Der Bäcker ist längst mehrfacher Millionär, obschon ein Brötchen nur 20 Pfennig kostet. 9. Die Sachbearbeiterin wird nicht befördert, obwohl sie viel qualifizierter als ihre Vorgesetzten ist. / obwohl sie viel qualifizierter ist als ihre Vorgesetzten 10. Der Bademeister galt als kompetent und verantwortungsbewusst, obschon er, wie sich jetzt herausstellte, überhaupt nicht schwimmen konnte. *In den meisten Fällen sind die Sätze umkehrbar.*

70   1. Obwohl die Brille nur leicht beschädigt ist, will die Verkaüferin dem Kunden unbedingt eine neue (Brille) verkaufen. 2. Unser Freund weiß nicht einmal, wie man einen Computer einschaltet. Trotzdem hat er einen PC der allerneusten Generation gekauft. 3. Mein Onkel fährt fast nur noch mit der Straßenbahn. Trotzdem will er für 40.000 Mark ein neues Auto kaufen. 4. Obwohl meine Freundinnen immer darüber klagen, dass sie nicht zum Lesen kommen, abonnieren sie alle möglichen Modezeitschriften. 5. Obwohl meine Schwägerin ununterbrochen von den Vorteilen der vegetarischen Küche redet, sehe ich sie jede Woche in der Metzgerei Fleisch kaufen, Schweinefleisch! 6. Manche Kreditinstitute kennen die Notsituation ihrer hoch verschuldeten Kunden genau. Trotzdem vergeben sie Darlehen an sie. 7. Die meisten Menschen haben lieber möglichst einfache Geräte. Trotzdem verfügen immer mehr technische Geräte über immer mehr Bedienungsfunktionen. 8. Geschäftsleute nehmen die Einladung zum Geschäftsessen im teuersten Restaurant der Stadt immer wieder gern an, obwohl sie oft lieber eine einfache Hühnersuppe essen würden. 9. Die meisten Menschen finden den Konsumrausch zu Weihnachten angeblich grässlich. Trotzdem sind sie beleidigt, wenn sie gar nichts geschenkt bekommen. 10. Obwohl sich soziale Probleme verschärfen und von Neuer Armut die Rede ist, wird immer mehr konsumiert und gibt es immer mehr Luxus.

71   1. als 2. so ... wie 3. Je ... desto 4. Je ... desto/je ... desto 5. indem 6. als/als/so/wie 7. als/als 8. wie 9. indem 10. als

72   1. um den Heilungsprozess zu unterstützen 2. um sich einer Routineuntersuchung zu unterziehen 3. um auch seine Ärzte vom Rauchen abzubringen 4. damit der Patient aufhörte, ihr auf die Nerven zu gehen 5. um dessen endlose Reden nicht mehr zu hören/damit er dessen endlose Reden nicht mehr hörte 6. damit er sich entspannte und nicht mehr nur an Zigaretten und Lungenkrebs dachte 7. um allen die grausamen Konsequenzen des Rauchens zu zeigen 8. um möglichst viele Raucher vom Rauchen abzubringen

73   SCHLAGER

74   SAUERLAND

75   Der erste Relativsatz ist notwendig.

76   1. Die „Titanic", die als unsinkbar gegolten hatte, ist ... 2. Kapitän Edward J. Smith, dessen Reederei ihn mit diesem Kommando besonders ehren wollte, ließ ... 3. Vom Zusammenprall mit dem Eisberg, der den Untergang des luxuriösesten Schiffes seiner Zeit bedeutete, merkten ... 4. Das Schiff, auf dem sich außer armen Auswandererfamilien zahlreiche Millionäre und Milliardäre befanden, kollidierte ... 5. ... auf der Kommandobrücke, was schon zeigte, dass ... 6. Schon drei Minuten nach Mitternacht kommt der „Titanic"-Konstrukteur Thomas Andrews, der mit Kapitän Smith einen Kontrollgang unternommen hatte, zu dem Schluss ... 7. Eine von vielen Fragen, die bis heute niemand zufriedenstellend beantworten kann, ist die, ... 8. Andere

Schiffe, die in der Nähe waren und 700 Schiffbrüchige der „Titanic" aufnahmen, hätten ... 9. Die Rettungsboote der „Titanic", von denen es 20 gab, waren ... 10. Von den 20 Booten, die jeweils 65 Plätze hatten, erreichten ... 11. Der reichste Mann Amerikas, John Jacob Astor, der zusammen mit seiner schwangeren Frau ins Rettungsboot will, wird ... 12. Eine andere Geschichte, die allerdings nur eine überlieferte Anekdote ist, besagt, ... 13. An Bord der „Titanic" waren 105 Kinder, von denen 52 gerettet wurden. 14. Um 2.20 Uhr sinkt die „Titanic", die ein Zeugnis technischen Fortschritts war und deren Untergang bis heute für die Selbstüberschätzung des Menschen steht. 15. Kapitän Smith, dessen letzte Worte „Every man for himself!" gewesen sein sollen, ist ... 16. Der Untergang der „Titanic", über den auch Ausstellungen und nicht zuletzt 3.000 erschienene Bücher informieren, ist ... 17. Der „Titanic"-Film aus dem Jahr 1997, den James Cameron gedreht hat, hat ... 18. „Titanic"-Experten, die es auf der ganzen Welt gibt, erforschen ...

77   UNGEHORSAM
78   RÖNTGEN
79   BERLIN
80   SPARKASSE
81   achtzehnhundertsiebenundsechzig – neunzehnhundertsechsundfünfzig – eine Million dreihundertzweiundzwanzigtausendzwanzig – eins – neunzehnhundertzweiunddreißig – neunzehnhundertfünfundneunzig – sieben Komma fünf – vier Komma fünf – drei – zwei Komma sieben – zwei Komma vier
82   2. – 106.333.000.000 – 11. – 4. – 100.123.000.000 – 5. – 94.180.000.000 – 379.000 – 1959 – 111.000 – 288.800 – 284.900 – 201.000 – 3. – 4. – 7.
83   hundertsten – zweitausend – zehntausend – (ein)tausendvierhundert – (ein)tausendsechshundert – fünfhundertfünfzig – fünfhundertdreißig – dreihundertzwanzig – (ein)tausend
84   ersten ersten neunzehnhundertfünfundneunzig – sechshundertneunundfünfzig – fünf Komma drei neun acht – dreitausenddreihundertsiebenundachtzig – (ein)hundertvierzig – dreißig – vierzehn – fünf – achtundsiebzig
85   ATOMKRAFTWERKSBETREIBER
86   SOLARENERGIE
87   REIHENHAUS
88   BIERDECKEL
92   FREIBAD
93   KOBLENZ
94   der, die Angeklagte, angeklagt, anklagen / der, die Betrunkene, betrunken, sich betrinken / der, die Verstorbene, verstorben, versterben / der, die Verletzte, verletzt, sich verletzen / der, die Verliebte, verliebt, sich verlieben / der, die Gelehrte, gelehrt, lehren / der, die Gefangene, gefangen, fangen / der, die Angestellte, angestellt, anstellen / der, die Betrogene, betrogen, betrügen / der, die Verfolgte, verfolgt, verfolgen
95   KRANKENKASSE
96   „Das Land ist gut und schön. Man kann anständig leben, man kann sich frei entfalten, man kann sein Glück suchen ohne sich ständig ums Überleben kümmern zu müssen, man hat viel Platz für sich, außerdem hat es schöne Landschaften und Städte. Schöne Städte findet man auf dieser Welt

nicht oft. Man schwärmt hier oft von irgendwelchen Dritt-Welt-Ländern, weil man dort so wenig hat und trotzdem lacht, während es hier umgekehrt ist. Die in der dritten Welt lachen, weil es weniger anstrengend ist als weinen, weil man mit Lachen etwas Ablenkung hat. Die dritte Welt ist schön, wenn man mit Deutschmark herumspaziert. Müssten sie dort arbeiten, würden es sich viele anders überlegen. Man vergisst immer wieder, dass Produktivität eine Tugend ist. Egal was du machst, wenn die Gesellschaft, in der du lebst, produktiver ist, lebst du besser. Materiell zumindest.

Und von wegen Wohlstand in Deutschland! Erstens scheint die Sonne nie, zweitens ist es eines der wenigen Länder, wo man keine frischen Semmeln am Sonntag kriegen kann, gerade (ausgerechnet) am einzigen Tag, an dem man richtig Zeit hat, ausgiebig zu früstücken. Ist das demokratisch? Sicherlich nicht. Wahrscheinlich sind mehr als 95 Prozent der Bevölkerung gegen das Gesetz. Das ist auch mit der Sprache so. Die meisten sind für die Vereinfachungen (obwohl wahrscheinlich nicht in diesem Ultradeutsch-Umfang), aber die Gegner sind die Schreier, also geht nichts. Mit dem Rauchen, mit dem Lärm, mit Kindern, mit allem ist es so: das Recht der Gestörten ist heilig, das Recht der Genießer kommt nur in Frage, wenn es keinen (niemanden) stört. 100 Genießer dürfen nicht genießen, wenn ein Gestörter unterwegs ist. Das ist die Gestörtokratie. Find ich nicht gut, aber die Genießokratie, aus der ich (her) komme, ist auch kein Idealzustand."

97 EINBAUKÜCHE
98 STAUBSAUGER
99 ÖKOLOGIE
100 1. Der Ingenieur, der ständig die deutsche Grammatik wiederholt und sogar schwierige Partizipialkonstruktionen beherrscht, beeindruckte … 2. Als Intellektueller, der sich nicht nur für Technik interessiert, begeistert … 3. Er lernt sogar Sprachen, die längst nicht mehr gesprochen werden. 4. Fremden, die hierüber staunen, entgegnet er, … 5. Die Zeit, die für das Sprachstudium notwendig ist, nimmt sich … 6. Ein Sprachlehrer, der ihn seit langem berät, lobt … 7. … eine Fremdsprachenassistentin, die ihn begleitete, nicht mehr aus dem Staunen. 8. Als Sprecher, der sogar in verschiedenen indischen Dialekten erfahren ist, zog er … 9. Der Elektroniker, der nicht nur im Sprechen außerordentlich versiert ist, verfügt außerdem … 10. Der Ingenieur, der nebenbei die klassische Philosophie studiert, weiß, dass …
101 1. Der Lehrer ließ … üben, weil er sich sehr über die vielen wirklichkeitsfremden Sätze in Sprachprüfungen wunderte. 2. Partizipialsätze werden im Unterricht geübt und sind in der Prüfungsordnung vorgesehen, obwohl sie im Alltagsdeutsch wenig relevant sind. 3. Manche Lehrer zielen auf die sprachliche Perfektion ihrer Studenten, indem sie die schwierigen Konstruktionen so lange üben, bis …4. Um jede Art von Übertreibung zu vermeiden, konzentrieren … 5. Einige Lehrer machen, indem sie das Beispiel der Konjunktivverwendung anführen, darauf aufmerksam, …
102 GRABPFLEGE
103 1. Amtsdeutsch ist eine Ausprägung des Deutschen, die man nur schwer aus der Welt schaffen kann. 2. Partizipialkonstruktionen zum Beispiel sind Formen des Amtsdeutschen, die oft schwer zu entschlüsseln sind. 3. Ebenfalls charakteristisch für das Deutsch in und aus den Behörden sind Sätze, die lang und in ihrer Unübersichtlichkeit kaum noch zu überbieten sind. 4. Be-

sonders schwierig ist das Amtsdeutsch, das sich gar nicht mehr am Bürger
orientiert, für ausländische Mitbürger. 5. Das Behördendeutsch zeichnet
sich durch einen Bluffeffekt <u>aus</u>, der auf die Bürger wirkt und der nicht zu
unterschätzen ist. 6. Der Versuch, dem Leser von Behördenbriefen zu imponieren, der durch nichts zu rechtfertigen ist, ist ...

104 1.das/ ein 2. des/eines 3. dem/einem 4. –/ein

105 1. des ertragreichsten A. 2. Deutschlands größtem W. 3. dem sogenannten
„B." 4. der viertgrößten W. 5. der Region zw. 6. einen Professor 7. eine deutsche Spezialität 8. eine 1992er Riesling 9. dem Synonym 10. kleinen Eichen-
holzfässern

106 Die Deutschen haben 40 Jahre gebraucht um 10 Prozent der Vorurteile ab-
zubauen, die die Welt über sie hatte. Noch glaubt die Mehrheit der Menschen, sie sind ein aggressives Volk, das bald wieder einen Krieg anzetteln
wird. Die meisten Artikel in ausländischen Zeitungen über dieses Land handeln von Neonazis. Schon vor der Vereinigung und den Ausschreitungen.
Geschweige nun. Es ist auf meiner Reise immer wieder vorgekommen, dass
ich zusammen mit Nichtdeutschen Deutschen begegnet bin. Es hat mich
immer interessiert zu wissen, ob diese Nichtdeutschen die Deutschen an der
Sprache erkennen können. Sie haben es nie getan und waren immer überrascht, dass die gesprochene Sprache deutsch war. Sie haben sich die Sprache viel härter vorgestellt. So wie ein deutscher Feldwebel im Kriegsfilm
spricht.
Mit den Ausschreitungen sind die 10 Prozent Klischeeabbau rückgängig gemacht worden. Ein Problem ist, dass der Rassismus hier als kein großes Ver-
brechen angesehen wird. Man kann Ausländern ein Lokalverbot verpassen
und es passiert einem nichts. Die freie Marktwirtschaft ist wichtiger als der
Rassismus. Aber wenn die freie Marktwirtschaft nicht für Drogendealer gilt,
könnte es für Rassisten auch so sein. Im Ausland glaubt man, dass dieses
Volk sehr nationalistisch eingestellt ist. Dabei sieht man auf Rucksäcken
Fahnen aller Herren Länder, aber nie eine deutsche. Die Einzigen, die so etwas tragen würden, wären die Neonazis, aber die reisen nicht. Wenn sie reisen würden, würden sie bald aufhören, Neonazis zu sein. Sie haben auch
keine Ahnung, was ein Nazi ist. Die englischen Neonazis sagen „England
Sieg heil!", die deutschen nehmen ein englisches Wort um sich zu bezeichnen, Skinheads.

107 würde ... schmerzen; verhagelt worden wären (verhageln); täte (tun); geheilt würde (heilen); hätte (haben)
sei (sein); gehe (gehen); sei (sein); sei; hätte (haben); sei; könne (können);
könnte (können); könnte

108 1. Hätte er Geld, würde er nach Monte Carlo ins Casino fahren. 2. Mit
Leichtigkeit würde er er mittleres Vermögen durchbringen. 3. Er könnte
sich nicht beherrschen und würde bis zum bitteren Ende spielen. 4. Abend
für Abend würde er bis zum Schluss bleiben, (würde) Unmengen Alkohol
trinken und (würde) ohne Ende rauchen. 5. Bei jedem größeren Verlust
würde er beinahe die Fassung verlieren, bei jedem Gewinn (würde er) erleichtert aufatmen. 6. Er würde gern das Geld besitzen, um ... 7. An besonderen Tagen würde er beim Roulette, wie Richard Wagner, alles auf die „27"
setzen. 8. Nach einem großen Spiel würde er dann eines Tages nach Hause

fahren, mit niemandem über sein Glück sprechen, sein Geheimnis behalten und das Leben genießen.

109 1. Wenn der Kellner doch käme! 2. Wenn uns doch jemand die Karte brächte! 3. Wenn doch jemand unsere Getränkebestellung aufnähme! 4. Wenn doch alles hier ein bisschen schneller / nicht so langsam ginge! 5. Wenn der Braten wenigstens schmeckte! 6. Wenn die Kartoffeln wenigstens nicht so trocken wären! 7. Wenn das Gemüse doch wenigstens frisch / nicht so fürchterlich aussähe! 8. Hätten wir doch in einem anderen Restaurant Platz bekommen! 9. Wenn die Bedienung doch wenigstens nicht einen total desinteressierten / einen interessierteren Eindruck machte! 10. Wenn doch der andere Kellner nicht nur Dialekt spräche! 11. Wenn doch der Nachtisch und der Kaffee wenigstens schmeckten! 12. Wenn man uns doch wenigstens die Rechnung brächte!

111 VIERSITZER

113 1. Würden Sie mir bitte eine Freude machen? 2. Wären Sie wohl so nett … 3. Könnten Sie mir bitte helfen? 4. Würden Sie in einer halben Stunde noch mal … 5. Würden Sie das wirklich für mich tun?

114 EIFEL

115 FACHWERKHAUS

116 BLUMENKOHL

117 MARX

118 TASSE

119 LEITER – 1d, 2f, 3a, 4b, 5c, 6e

120 POLIZEISTUNDE

121 PÜNKTLICHKEIT

122 MARMORKUCHEN

123 HIMMELBETT

124 WOHNZIMMER

125 Im direkten Gespräch Präsens und Perfekt. Ab „Selbst das war schließlich falsch" erzählt der Sprecher eine Geschichte und benutzt dazu überwiegend das Präteritum. „entpuppt … schmeißt … Rennt …" im Präsens dienen der Dramatisierung.
Frischs Text ist ganz überwiegend im Präteritum – typisch für eine Erzählung. Zusätzlich kommt das Plusquamperfekt vor für die Zeit vor dem, was im Präteritum steht. „… ich weiß sowieso nicht …" steht im Präsens, weil es sich auf die aktuelle Meinung des Erzählers bezieht; „… dass ich grundsätzlich nicht heirate.", weil dieser Grundsatz immer noch gilt.
Timms Text ist überwiegend – typisch Erzählung – im Präteritum und Plusquamperfekt. „Ein Mann, der eine Frau beobachtet, von der er annimmt, sie wisse, daß er sie beobachte" steht im Präsens: Hier referiert der Erzähler seinen Stoff. Solche Inhaltsangaben stehen meist im Präsens. Die letzten beiden Sätze stehen ebenfalls im Präsens; hier handelt es sich um direkte Rede (auch wenn die Anführungszeichen fehlen).

Register

Quellen

Übung

7/8	nach: Deutsche Welle tv / Programmzeitschrift DW-plus
96/106	aus: Zé do Rock, fom winde verfeelt, Gustav Kiepenheuer Verlag GmbH, Leipzig 1996
119	nach: Prospekt Mail Order Kaiser, München, Oktober/November 1997
120/121	nach: Don Glass (Hrsg.), What's what? Naturwissenschaftliche Plaudereien. Aus dem Amerikanischen von Hainer Kober, © für die deutschsprachige Ausgabe: 1995 Deutscher Taschenbuch Verlag, München
125	aus: Ulrich Plenzdorf, Die neuen Leiden des jungen W., Suhrkamp Verlag Frankfurt am Main 1973 – aus: Max Frisch, Homo faber, Suhrkamp Verlag Frankfurt am Main 1957 – aus: Uwe Timm, Johannisnacht, 1996 Verlag Kiepenheuer & Witsch Köln

Wir haben uns bemüht alle Inhaber von Textrechten ausfindig zu machen. Sollten Rechteinhaber hier nicht aufgeführt sein, so wären wir für entsprechende Hinweise dankbar.

Phonetik leicht gemacht

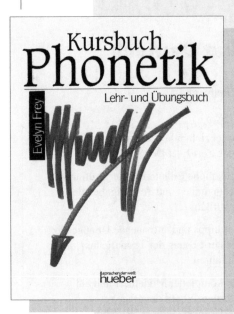

Lehr- und Übungsbuch
von Evelyn Frey
80 Seiten, gh.
ISBN 3–19–011572–9

Package:
**Lehr- und Übungsbuch +
2 Cassetten** (Laufzeit 63 min)
Übungen mit Nachsprechpausen
ISBN 3–19–001572–4

Package:
**Lehr- und Übungsbuch +
2 CDs**
ISBN 3–19–041572–2

Ein kurstragendes Lehr- und Übungsbuch zur deutschen Phonetik,
das aber auch zur phonetischen Schulung im DaF-Unterricht,
im Sprachlabor oder zum Selbststudium eingesetzt werden kann.

Im Anhang geben „Hinweise zur Benutzung" Hilfen zum Umgang
mit dem angebotenen Übungsmaterial.

Ein „Lösungsschlüssel" ermöglicht es auch Selbstlernern,
kontrolliert mit dem Material zu arbeiten.

Hueber – Sprachen der Welt